Yo, Marcos

Marta Durán de Huerta
(compiladora)

Ediciones
del
Milenio

Primera edición: 1994
ISBN 968-7419-03-2
D.R ©1994 Ediciones del Milenio
Frontera 120-A Col. Roma
México DF, CP 06700.
Tel 2079745
Impreso y hecho en México

Fotografías interiores: Marta Durán de Huerta

Fotografía portada: Ramón Espinosa.

INDICE

14 JUNIO 94

MARTHA

ALGO ME DECIA QUE ESTE DÍA IBA A
SIGNIFICAR ALGO. VALIÓ LA PENA
VERLOS Y ESCUCHARLOS. NOSOTROS
SENTIMOS QUE HAY YA PUENTES QUE
BRINCAN "LINEAS EDITORIALES"
VALE. SALUD

SubCOMAREOS

INTRODUCCION

A mediados de enero de 1994, cuando apenas se había decretado el cese al fuego entre el Ejército Zapatista de Liberación Nacional y el ejército mexicano, un puñado de estudiantes universitarios (en su mayoría de la UNAM) nos lanzamos a Chiapas con ayuda humanitaria para los damnificados por el conflicto armado, rompiendo por primera vez el cerco militar. Como homenaje póstumo a un sociólogo que amó y defendió a los indios, la caravana desde entonces se llama Ricardo Pozas. Además de llevar víveres y medicinas, recogimos los testimonios de las personas más golpeadas por la guerra y difundimos la palabra de aquellos a quienes milenariamente se les ha negado: los indios.

Este libro es un esfuerzo por rescatar y exponer el pensamiento de los indígenas zapatistas. La idea original era elaborar un texto en el que los indios nos contaran, con sus propias palabras, su versión del levantamiento, sus causas, sus esperanzas. Problemas de tiempo así como la barrera lingüística me impidieron hacer tantas entrevistas como era necesario, por lo que he pospuesto el proyecto a un futuro no muy lejano. Sin embargo, en los últimos tres viajes que la Caravana Universitaria Ricardo Pozas hizo a Chiapas, tuvimos la buena fortuna de haber convivido con el EZLN, con sus bases de apoyo, su tropa, su Comité Clandestino y con el subcomandante Marcos. El sub nos contó muchas cosas: la vida en la selva y la montaña, las costumbres de los indios, las enseñanzas que ha recibido de ellos, el significado y los comienzos de la lucha zapatista, e infinidad de anécdotas que nos dejaban un nudo en la garganta y nos hacían reír a carcajadas. Al escucharlo me di cuenta que era una ventana por la que podíamos asomarnos y tener un primer encuentro con lo que hay detrás de los paliacates y los pasamontañas.

No pretendo rendir culto a la personalidad de Marcos como si fuera el inspirador o centro de la lucha zapatista, ni presentarlo como un "Tarzán de la Selva Lacandona tirándo línea a los indígenas". La palabra del sub es la palabra de la comunidad india; él es su intérprete, su traductor, el puente entre dos culturas, o mejor dicho, entre dos mundos: el indígena y el nuestro. El sub es el autor de este libro. A través de su voz es posible escuchar a los choles, tzotziles, tojolabales, mames, tzeltales, motozintlecos, chujes, jacaltecos, zoques y lacandones.

10

Además de la transcripción de las pláticas que tuvimos con el "pasamontañas con nariz pronunciada", he incluido algunos extractos de cartas, comunicados y entrevistas que se han publicado en la prensa o transmitido por radio.

Quiero agradecer de manera muy especial a David Vázquez, José Luis Vázquez, Joaquín Fuentes y Fernando Chamiso, personal del programa radial *Chiapas, expediente abierto,* de Radio UNAM por haberme permitido incluir algunos fragmentos de la entrevista que le hicieron al subcomandante Marcos en marzo de 1994.

Marta Durán de Huerta

México 1de octubre de 1994

Curriculum vitae

Soy mexicano como cualquier otro

El estado en donde yo nací está ubicado entre el Río Bravo al norte y el Río Suchiate al sur; y entre el Océano Atlántico al este y el Océano Pacífico al oeste.

***

Yo estudié en alguna universidad de este país, no estudié en Oxford, en el extranjero, porque ahora está muy de moda estudiar en esos lados. Estudié en una universidad mexicana, terminé, que ya es decir bastante, acabé mis estudios, me recibí, hice estudios de posgrado (no sé como se llamen ahora, pero cuando yo era joven se llamaban estudios de posgrado), y fui feliz durante un tiempo, hasta que me emborraché, equivoqué de autobús y caí en la Selva Lacandona. Cuando me di cuenta ahí estaba y ya no pude salir, eso hace once años. Y aquí estoy, otra vez.

No puedo decir más, pero le podemos preguntar a la Procuraduría General de la República, a ver si ya consiguió más datos. Pero soy mexicano como cualquier otro, tal vez un poco payaso, más de lo necesario para el gusto de algunos y bastante grosero. No me he bañado desde el 31 de diciembre, así que no les recomiendo que se acerquen mucho, traigo la misma ropa que el 31 de diciembre, por eso tampoco debe oler muy bien.

***

¿Que por qué me decidí a estar aquí? Buena pregunta. ¿Yo qué chingados estoy haciendo aquí? No sé, no tengo respuesta. No puedes estar aquí diez años y quedar igual. Si con un día que estás aquí sientes que algo te pasa, imagínate todos los días viendo la misma pobreza y las mismas ganas de cambiar o de ser diferente y de mejorar. No puedes quedarte así a menos de que seas un cínico o un hijo de puta.

***

En la ciudad dejé un boleto de metro, un montón de libros, un lapicero roto, un cuaderno lleno de poesías –que quién sabe con quién se habrá quedado– y ya. No recuerdo haber dejado algo más. No, discos no, discos no me acuerdo,

14

ni casets tampoco, en todo caso los cargué con la esperanza de que hubiera una grabadora para escucharlos. Pero no, nada de eso.

También dejé bastantes amigos, digo yo. Bastantes que se quedaron. ¿Dejé muertos? También, los necesarios... Sólo los necesarios; a veces es necesario sólo uno, a veces son necesarios varios, por eso que quede así: los muertos necesarios, para entender que había que irse para regresar de otra forma, ya sin rostro, ya sin nombre, ya sin pasado, pero otra vez por esos muertos.

***

¿Que si me llamo Marcos por San Marcos evangelista? Dios me libre, no. El último servicio religioso en el que estuve fue cuando hice mi primera comunión. Tenía ocho años. No he estudiado ni para Padre, ni para Papa, ni para Nuncio Apostólico. No soy catequista, ni párroco, ni nada...

El rostro tras el pasamontañas

Si quieren saber qué rostro hay tras el pasamontañas, es muy sencillo: tomen un espejo y véanlo.

***

¡Qué les asusta si este es un país de tapados y de enmascarados!

***

Cuando alguien me preguntó porqué unos usaban pasamontañas y otros paliacates, les contesté que porque los de pasamontañas alcanzaron a conseguir pasamontañas...

***

Yo creo que el pasamontañas causa un efecto ideológico bueno y que corresponde a nuestra concepción de lo que debe ser una revolución no individualizada o con un caudillo, sino con la suficiente fuerza moral como para diluirse en toda la gente y tener muchos ejércitos zapatistas, y muchos Marcos, y muchos comités clandestinos en muchos lados y en muchos frentes no militares.

***

Hay mucha gente que escribe que no me vaya a quitar el pasamontañas "porque te van a matar, te va a pasar algo, y quién va a escribir los comunicados."

16

***

Ahorita el pasamontañas es tan conocido como si fuera mi cara. Finalmente el gobierno quiere dar un golpe político a lo que oculta el rostro de Marcos. Para el gobierno, Marcos oculta el rostro no porque sea modesto, honrado, o porque realmente no quiera ser un caudillo, lo oculta porque esconde algo en su pasado, algo con lo que lo podemos desprestigiar: "Si averiguamos cuál es su rostro vamos a averiguar esa parte oculta en su pasado, la explotamos bien publicitariamente, la presentamos a la opinión pública y entonces el mito de Marcos se derrumbaría."

***

Finalmente Marcos o el pasamontañas de Marcos, aparece o desaparece también en los medios. Marcos, o el que sea que es Marcos, el que está en la montaña, tiene sus gemelos o sus cómplices respecto a su visión del mundo, la necesidad de cambiarlo o de verlo de otra forma en los periódicos, la radio, la televisión, las revistas, pero también en los sindicatos, las escuelas, con los maestros, los estudiantes, los grupos de obreros, las organizaciones campesinas. Hay muchos cómplices, hay mucha gente sintonizada en la misma frecuencia, pero nadie encendía el

17

radio, y no es Marcos quien lo enciende: lo encienden los compañeros, el EZLN, o sea, los indígenas.

***

¿Cuál es la cara de Marcos, finalmente? Si tiene barba los que tienen barba van a decir que se parecen a él, y los que no tienen barba, ¿qué? Si tiene los ojos de determinado color entonces los que los tienen igual serán como Marcos; o si es guapo, rubio, de pelo negro, lampiño, o lo que sea... El pasamontañas es un pasamontañas y cualquier mexicano puede ponerse un pasamontañas y ser Marcos, ser lo mismo que yo: juntarse con un movimiento que sea justo y legítimo y luchar por sus derechos, no digo con un arma, puede ser con un micrófono, con una pluma, con un papel, con una cámara fotográfica.

La mercadotecnia hacia mí me da risa

La mercadotecnia hacia mí me divierte, me da risa. A los compañeros algunas cosas les molestan, a mí me es indiferente, ni me va ni me viene, no tengo ningún beneficio, ni *copy right* de mi imagen, ni me pasan regalías ni nada por el estilo.

18

No me gusta que me tomen fotos, pero al interior del EZLN esto no provoca problemas porque ahí Marcos no tiene pasamontañas, todos lo conocen, les divierte y se burlan de que me tenga que poner pasamontañas. Al interior del EZLN la autoridad de Marcos no tiene ninguna duda, ni nada por el estilo. Los medios podían estar manejando exactamente lo contrario de lo que es Marcos, que a los compañeros impávidos no les haría ningún efecto, porque ya han estado mucho tiempo juntos, ya saben quién es el verdadero Marcos, no el del pasamontañas que presentan los medios. Que esto cree celos, rivalidades, no, más bien se burlan de mí. Tienen razón también yo pa que chingados estoy metido en estos problemas...

Luego me entero de que Marcos para aquí y Marcos para acá, que si le gustan los reflectores y todo eso. Yo pienso que esto no es justo, porque los reflectores que teníamos encima después del primero de enero, eran los helicópteros que nos estaban buscando, las preguntas que nos disparaban eran de plomo, las entrevistas que nos hacían era con *rockets*, con bombas, con granadas, con morteros.

***

En las negociaciones después del asesinato de Colosio, me ponían el argumento de que yo era *gay*. "Ahí está la prueba, me decían, ya escribieron que eres *gay*, hay que acabar con esto." "¿Por qué, les dije, si orita se están organizando brigadas de mujeres para rehabilitarme"?

Ellos son los jefes, yo sólo obedezco

Soy como cualquiera de los compañeros que están aquí. Tal vez se ha recargado mucho este movimiento sobre mi imagen porque soy el que hablo castilla, pero mi trabajo no es de dirección absoluta. Así que digan: "Marcos es el jefe", no es cierto, los jefes son ellos. Yo tengo un nivel de dirección más bien respecto a cuestiones militares. Ellos me han dicho que hable, porque yo sé hablar español. A través de mí hablan los compañeros.

La dirección son ellos. Ellos me marcan un límite: "Esto puedes decir y esto no puedes decir, puedes enseñar pierna o no." Ellos son mis jefes y yo tengo que obedecerlos, ellos me marcan los límites. No hay nada extraordinario en mí que no tengan los demás, todos tenemos las mismas ganas de que el país sea justo, que sea diferente.

Los libros que me traje a la selva...

De los doce libros que me traje a la selva uno es el *Canto General* de Pablo Neruda, otro, una selección de poemas de Miguel Hernández, poemas de León Felipe, *Historia de Cronopios y Famas* de Cortazar, las *Memorias de Francisco Villa*, el *Ingenioso Hidalgo Don Quijote de la Mancha*...

Esto no lo planeé, no lo reflexioné mucho. Me dijeron: "Ya vas a salir, prepara tus cosas" y agarré esos libros que eran los que tenía más a la mano, los que leía más continuamente o consultaba. Había más pero se quedaron. Los que me llevé los aventé a la mochila, llegaron a la selva y ahí se quedaron. Cuando salimos fuimos guardando todo en los buzones, que les decimos nosotros, o sea las como bodeguitas que dejamos en la selva para guardar cosas que no usamos de diario y que cada tanto vamos a revisar o a recoger para poder usar. Ahí a veces quedaban unos libros, luego recogía otros y los cambiaba. Así paso tanto tiempo...

Recuerdo la parte más llamativa del *Quijote*, cuando termina diciendo Alonso Quijano: "Estuve loco, ya estoy cuerdo", y cómo a pesar de eso el *Quijote* es recordado precisamente por sus locuras. La derrota de la locura, la imposición de la sensatez y la prudencia, es lo más doloroso de este libro. Pero a pesar de eso la gente siempre recuerda las acciones heróicas y locas del *Quijote* y no las partes en donde se vuelve a la vida normal, donde vuelve a entrar al aro.

Esto siempre lo quisimos evitar: decir que estuvimos locos, que entrábamos al aro otra vez y que nos íbamos a poner cuerdos. Teníamos que mantenernos en esta locura hasta el último momento. Los molinos de viento eran los helicópteros de Godínez Bravo, aunque no son precisamente molinos de viento, como tampoco los aviones Pilatos que el "neutral" gobierno suizo vende al gobierno mexicano para matar indígenas son precisamente ficción.

Estaba a toda madre escribiendo

Cuando empezó a ponerse muy cabrón fue después del diálogo de San Cristóbal. Una vez yo salí con tres costales llenos de puras cartas. Entonces un niño de dos años me mandó una que era puro garabato, me tardé ocho días contestándole también con puros garabatos. Puta, fue a toda madre, estaba yo feliz escribiendo."Espérenme, estoy muy ocupado", les decía a los compañeros cuando me llamaban. "El comité te está esperando"."Pues que se espere, ahorita estoy haciendo garabatos", les contestaba.

Me dedicaré a recoger niñas remolonas

¿Qué voy a hacer cuando todo esto acabe? Voy a ser ropavejero, voy a dedicarme a la compra y venta de ropa usada y a recoger niñas remolonas, como el tlacuache de Cri Cri. A eso me voy a dedicar; voy a necesitar un poco de financiamiento del PRONASOL para esto o voy a empezar a vender el pasamontañas, luego compro otros dos y los revendo y así. No, no tengo ningún proyecto personal, pero no me preocupa. Vivimos al día. A tal punto pueden cambiar las cosas que puede no haber mañana para nosotros, para nosotros en lo personal, para el movimiento sí hay futuro.

Indígenas

El respeto a la cultura indígena

Para los compañeros el tema más importante, y de hecho el detonador de nuestra guerra, es el del respeto a las comunidades indígenas en sus formas de gobierno, sus costumbres para impartir justicia, su cultura, así como la lucha contra la discriminación de la que son objeto y las graves condiciones materiales en que viven.

¿Por qué ellos sí y nosotros no?

Los compañeros indígenas no quieren irse a la ciudad. Aspiran a que las comodidades que están en la ciudad estén en su ejido. O sea, tener aquí estufa, televisión, lavadora, refrigerador, tractor, un cine, una cancha de basquetbol, una disco... Cuando uno está dispuesto a morirse por algo tiene el derecho de pedir todo. Dicen los compañeros: "Si estamos dispuestos a morir, por qué no vamos a pedir que nos den todo. ¿A poco no lo valemos?"

Era muy chistoso cuando el comité explicaba lo que era una lavadora en las comunidades. Las compañeras preguntaban:

–¿Qué es eso de una lavadora?

–No, pus es una máquina que lava ropa.

–¿Pero cómo lava ropa?

–O sea, tú le echas las cosas y lava la ropa.

–Ahhh, no estés chingando, ¿a poco no hay que tallar?

No sabían. Entonces, para convencerlas, les decían:

–Bueno, la lavadora es una máquina para que las muchachas no tengan que ir al río y se queden platicando ahí.

Porque muchos noviazgos se hacen cuando se va a lavar la ropa. Entonces las mamás decían encantadas:

–Sí, hay que pedir lavadoras, así ya no tengo que estar cuidando a esta cabrona que ya se me andaba embarazando.

Lo del refrigerador tampoco lo entendían. La luz, por ejemplo, la primera luz que hubo en la selva la pusimos nosotros con una plantita, *Suzuki* o no sé que madres. Entonces pusimos el foco, y puta madre, hasta hubo una asamblea para ver el foco.

Entonces la gente de acá piensa: "¿Por qué ellos sí tienen y nosotros no? ¿A poco trabajan más que nosotros?" Son preguntas muy cabronas de responder. No le puedes decir a alguien que está dispuesto a morir: "Es una utopía que quieras carreteras, cines, hospitales, mesas de boliche, y todo eso aquí en tu ejido", porque ellos no se quieren ir a la ciudad por sus muertos que están aquí.

El que ellos quieran todo esto no significa que vayan a dejar de ser indígenas. Ellos no tienen miedo, dicen: "Ya aguantamos 500 años y no pueden con nosotros, ¿por qué piensan que ahora una televisión nos va a transformar?"

Queremos la parte enajenante de la civilización, porque creemos que la gente tiene uso de razón para darse cuenta que es una estupidez lo que están pasando.

Los compañeros estaban cagados de la risa

Una vez pasamos una película cubana que se llama *Elpidio Valdés*, que son unas caricaturas sobre la independencia cubana. Los compañeros estaban cagados de la risa, pero no por la caricatura sino porque decían: "¿Ya viste cómo son en Cuba las gentes?". No les gustó ni madres, ellos querían ver gente de carne y hueso no caricaturas; y decían que ya no pasaran películas de los cubanos, porque eran muy otros.

Ellos toman suficiente distancia para esas cosas. Su capacidad de asombro no la van a perder por ver la televisión; y la capacidad de asombro es lo que salva al ser humano de ser una máquina. El que cree que ya ha visto todo, ya valió madre.

Yo de grande voy a ser guerrillera

Hubo una época, cuando empezamos a crecer mucho y teníamos más contacto con las comunidades, en que seguíamos una ruta para pasar de una sierra a otra. De punta a punta, de un cuartel a otro, eran 16 horas de camino, y en la mitad había un río y un poblado muy pequeño, muy pobre. Ahí había un compañero zapatista, sargento de milicia, que nos cruzaba en cayuco cada vez que pasábamos, y que tenía una niña como de tres, cuatro años que siempre lo acompañaba cuando cruzábamos el río, y que siempre nos llevaba un bidoncito, una cantimplora, con café. Yo le preguntaba cómo se llamaba y ella contestaba: "Paticha", se llamaba Patricia. Le preguntábamos qué iba a ser de grande y nos contestaba que guerrillera, que insurgenta.

Paticha nunca fallaba. Una vez que se nos hizo tarde pasamos la noche ahí y Paticha empezó con una fiebre por ahí de las seis de la tarde. A las diez de la noche se murió en mis brazos. No pudimos hacer nada. Buscamos antipiréticos que sirven para bajar la fiebre ahí en el pueblo con la gente de salud. No había nada, nosotros tampoco traíamos nada. Le echamos agua fría, la bañábamos, todo con tal de pararle la fiebre. Le poníamos trapos mojados en el cuerpo y los secaba como si fuera plancha. Debe haber andado en los 39, 40 de fiebre, y a los tres, cuatro años, quién va a aguantar eso. Se me murió en las manos.

Esto pasó muchas veces, era algo cotidiano. Paticha nunca tuvo acta de nacimiento, es decir que para el país nunca existió, por lo tanto su muerte tampoco existió. Y así han habido miles de casos.

***

La población indígena chiapaneca padece 15 mil muertes anuales. Eso es tanto como los de la guerra en el Salvador cada año, contando los de un sólo lado y con la gran vergüenza de que la mayoría se muere por diarreas y enfermedades digestivas.

***

Para nosotros no es dramática la muerte. Yo sé que la muerte suena dramática en un comunicado o en una declaración, pero para la tropa es algo muy natural. A los heridos de guerra que tienen incrustada una esquirla de granada o un pedazo de mortero clavado en alguna parte del cuerpo, cuando los hirieron les dije que se fueran, que ya estaban de baja, pero no quisieron irse. "No, ¿por qué?, dijeron, si quedamos que esto era hasta morir o triunfar, como no hemos triunfado y no nos hemos muerto pues tenemos que seguir." Y no te lo dicen así como algo dramático o terrible, te lo dicen naturalmente.

***

Para los indígenas los muertos no van a ser olvidados: los vivos los van a recordar y a cuidar. También los muertos tienen que cuidar a los vivos.

30

Zapata no murió, se escondió en Chiapas

De una u otra forma hay una tradición de lucha que viene desde hace muchos años, quinientos años. El referente de la resistencia de los compañeros son sus muertos. Por ejemplo, lo que la montaña significa para los compañeros, que es donde están sus muertos. Pero esto lo entremezclan con ideas actuales. Por ejemplo, los viejos de más adentro de la selva dicen que Zapata no se murió, que se vino a esconder a Chiapas. Por el lado de Margaritas dicen que Zapata era chiapaneco, que cuando se fue a Morelos lo mataron, que ahí estuvo el error, que para qué se fue a Morelos si aquí en Chiapas estaba bien. Se revuelve mucho el tiempo. Un viejo te puede platicar de la Colonia, del Chichonal y de la puerca que se le murió el día anterior, como si fuera el mismo día todo.

Así era con el viejo Antonio. Estaba hablando de las montañas, de cuando estaban los carrancistas aquí en Chiapas, cuando pelearon, y de cuando llegamos nosotros. Te hablaba como si todo hubiera pasado en la misma semana.

31

Aquí no existe la palabra "rendirse"

Alguien le preguntó a un compañero indígena lo que pensaban de la Convención. Pero aquí los compañeros no manejan la palabra "convención" para la Convención, sino la palabra "diálogo" con los compañeros de la ciudad. Por eso el compañero dijo: "No sé". Lo mismo pasa con la palabra "rendirse", de la que no hay equivalente en sus lenguas. Ellos decían "dejar de luchar" pero no "rendirse", palabra que no usan; no existe la palabra en maya. Los mayas nunca la usaron, fueron los que se aventaron al Grijalva, los acorralaron y les dijeron que firmaran el acuerdo de paz, dijeron que no y se aventaron al Grijalva. Qué clavadazo ese...

No la obedezco porque es vieja

Hay una diferencia muy grande entre las mujeres insurgentes, o las insurgentas, como dicen los compañeros, y las de los pueblos. Las insurgentas están años luz adelante, tienen iniciativa, por ejemplo, en la relación de pareja, pero también en el mando. Antes de la guerra había mucho recelo de los varones cuando una mujer tenía un mando. Era un desmadre, me la pasaba arreglando broncas. Eso de que "No la obedezco porque es vieja, pus cómo". Así los han educado. ¡Cómo es posible que te esté dando órdenes una mujer! En tu pueblo la mujer no hace eso.

El problema se acabó en los combates de Ocosingo, porque las que pelearon mejor en Ocosingo fueron las mujeres oficiales, ellas sacaron a la gente herida del cerco. Algunas traen todavía pedazos de esquirlas dentro del cuerpo. Sacaron a la gente, la sacaron viva. Ahí se acabó el problema de si las mujeres pueden mandar o no pueden mandar dentro de la tropa regular.

**

Cuando las insurgentas se iban a la montaña, las mujeres viejas de los pueblos las acusaban de que se iban a pirujear, que allá quién las iba a cuidar. Pero las mujeres jóvenes del pueblo se entusiasmaban. Les preguntaban a las insurgentas que cómo trataban a las mujeres:

–¿No hay que pagar?

–No, pues no hay que pagar

–¿Y si no quieres que te *agarren* te castigan?

–No, no te pueden *agarrar* si no quieres que te *agarren* (ellas usan esa palabra: "agarrar").

–Puta, pus a toda madre–, dijeron las de abajo, o sea las de los pueblos. Luego preguntaban:

–¿Si uno no quiere a un hombre puede no casarse con él?

–Si no quieres no te casas.

–Pus vámonos.

Entonces empezaron a llegar un chingo de mujeres.

***

La vida en la montaña es muy cabrona, muy pero muy cabrona, y les pega más a las mujeres. Como tenemos limitaciones muy jodidas todos estamos con anemia y desnutrición. Pero aparte en las mujeres chavas se da la pérdida de sangre de la regla. Se joden mucho, y en cuestiones de higiene les pega también muy duro. Pero los que se rajan, que decimos nosotros, los que no aguantan la montaña y piden bajarse al pueblo otra vez, son los hombres. Las mujeres dicen: "¿A qué me voy a regresar si estoy peor en mi pueblo?"

Están mejor aquí, aunque estén jodidas, anémicas. Regresar sería regresar años, siglos, atrás.

Los amarran a los dos en la cancha de basquetbol

Aquí en las comunidades si una mujer se va con un hombre a hacer lo que todo hombre debe hacer con toda mujer cuando se quieren, o sea, acostarse juntos sin estar casados, los amarran a los dos en la cancha de basquetbol, en un poste a uno en otro poste a otro, y les ponen multa a los dos, o si hay cárcel los meten a la cárcel. La multa es ponerles a hacer trabajo colectivo, el que haya acordado la comunidad: reparar la escuela, hacer brecha o hacer guardia. Aparte el hombre tiene que pagarle multa al papá de la mujer. Y cuando llegaban las insurgentas a sus pueblos hacían un desmadre para presionar a las mujeres sobre estas cosas.

***

Si los agarran en adulterio también los multan, le tienen que pagar multa al marido, son muy radicales en eso. Todo lo que no es acuerdo de la comunidad es delito, y pues no hay acuerdo de la comunidad para que puedan andar uno con otra y otra con uno.

La homosexualidad no es penada, lo que yo sé es que se ríen de ella, bromean. Pero así que los encarcelen, los multen o los castren, no.

La mayoría de las bodas son por la iglesia, no hay nada por lo civil. En la relación de pareja ya empiezan a tomar en cuenta a la muchacha. Ahora ya se les pregunta si están de acuerdo en casarse con alguien. Antes no, antes era un trato entre el que quería casarse y el papá de la muchacha, era un negocio de compraventa. Ya arreglado le decían a la muchacha: "Mañana te casas", "¿con quién?", "con tal", y punto. Ahora no, ahora tiene que dar su acuerdo la muchacha y si no se quiere casar no la pueden obligar para nada. Antes no.

Aquí en las comunidades la muchacha casadera está entre los 13 y los 16, ya a los 20 ya se quedó, ya no agarra ni el autobús. Los hombres entre los 17 y los 18 se casan, ya a los 25 ya tiene 4, 5 hijos.

***

Las insurgentas por lo regular usan pastillas anticonceptivas, más que condón. El condón lo usan para tapar la boca del cañon para que no le entre agua y lodo. De veras, para eso lo usan, para tapar el arma. La carabina cuando está lloviendo se moja, entonces le ponen el condón ahí.

El problema con las pastillas es que como casi todas las mujeres de aquí son muy chavitas, les hace daño. Algunas probaron dispositivo pero también les chinga mucho. ¿Que si las mujeres no han tratado de convencer a los hombres de que usen condón, convencerlos de que usen impermeable? Ese va a ser un trabajo exclusivo de las mujeres como lo fue hacer valer la Ley de Mujeres. Por lo general las mujeres son más radicales y dicen que hay que castrar a todos los compañeros...

El primer alzamiento zapatista no fue el primero de enero de 1994

Cuando en Marzo de 1993 se reunió el Comité Clandestino Revolucionario Indígena, a la compañera Susana le tocó leer las propuestas que había juntado del pensamiento de miles de indígenas. Empezó a leer y conforme avanzaba en la lectura, la asamblea del CCRI se notaba más y más inquieta. Dijo: "Queremos que no nos obliguen a casarnos con el que no queremos. Queremos tener los hijos que queramos y podamos cuidar. Queremos derecho a tener cargo en la comunidad. Queremos derecho a decir nuestra palabra y que se respete. Queremos derecho a estudiar y hasta de ser choferes." Al final dejó un silencio pesado. Las Leyes de Mujeres que acababa de leer Susana significaban, para las comunidades indígenas, una verdadera revolución. Esa es la verdad: el primer alzamiento del EZLN fue en marzo de 1993 y lo encabezaron las mujeres zapatistas. No hubo bajas y ganaron. Cosas de estas tierras.

***

Si se usa que el hombre en el trabajo vaya en el burro o caballo y la mujer no. Pero eso es un acuerdo porque por lo regular el hombre tiene que arrosar, tiene que tumbar el monte a machete, limpiar el terreno, y esto es un trabajo muy pesado, te deja hecho mierda. Si lo hiciera caminando no podría hacerlo.

Esto lo hacen los tzeltales, pero con los choles cuando hay muchas mujeres en la familia, ellas son las que van a arrosar. Entonces entre las compañeras que son insurgentes, o sea, que son del ejército regular, hay unas que no saben nada de la milpa, pero hay otras que sí saben y te dicen: "No, que este terreno hay que arrosarlo así", y la chingada. Son las choleras, las choles, porque esas sí las ponen desde chavitas a hacer trabajo de hombre.

***

El promedio de vida de las mujeres aquí en la selva es entre los 40 y los 45, y de los hombres entre los 50 y los 60. Las mujeres se acaban más rápido porque se paran unas chingas... No es que se mueran por no tener que comer, pero es tan malo lo que comen que no tienen ninguna resistencia a las enfermedades. Entonces una infección los consume en horas.

La niñez aquí dura muy poco

¿Que si los papás les pegan a los niños cuando se portan mal? Si se los suenan pero no los machetean. Pero por lo regular el padre y la madre no lo hacen sino el hermano. Es que es muy cabrón, las niñas de 6 ó 7 años son las mamás de los recién nacidos, son las que los cargan. Si te fijas muchas compañeras están así como jorobadas porque desde que estaban chavillas tenían que cargar a su hermanito. Por

39

lo regular el que educa al niño no es la madre ni el padre, es su hermana o su hermano, que es el que le suena.

***

La niñez es algo muy escaso aquí, es un periodo muy corto, muy fugaz, y que más vale olvidar. Hay familias que tienen 12, 14 hijos y que se mueren cuatro o seis, así de cajón. No encuentras ninguna familia que tenga vivos todos. Por eso la niñez dura unos cuantos años. Prácticamente cuando adquieres uso de razón dejas de ser niño y tienes que entrarle.

Tampoco tienen adolescencia: los hombres se están casando a los 16, 17 años, y las mujeres a los 13, 14.

***

La vida aquí es pareja. Como la guerra es para todos, también es para los niños. Los niños juegan a que están peleando porque su gente está peleando, y el niño quiere ser como su hermano que es zapatista y juega que es zapatista. Como el niño de la ciudad juega a que es Caballero del Zodiaco.

Que no sólo nos respeten, que aprendan de nosotros

Hay elementos en la forma de gobierno de las comunidades indígenas, en la forma en que se organizan, que no corresponden al proyecto federal ni estatal, ni municipal, por lo que entran en contradicción con ellos imponiéndose uno: el del gobierno. Los compañeros dicen: "No sólo nos tienen que respetar nuestras formas de gobierno sino que incluso deberían aprender de nosotros". En todo caso si no va a haber autonomía, dicen, lo que debería de haber es que las estructuras jurídicas federales, estatales municipales deben sujetarse al gobierno de nosotros porque nosotros tenemos más avances democráticos que el gobierno que ellos nos proponen.

Nosotros no podemos imponer una ley o aplicarla en contra de la voluntad de la comunidad, si alguno de nosotros no cumple la encomienda que le da la comunidad, lo remueven, lo quitan. ¿Qué presidente de la República o qué presidente municipal o gobernador ha entrado con esa disposición? Se aferran al poder y se mantienen a costa de lo que sea.

Voy a poner un ejemplo de cómo se impone el poder federal sobre el poder de las comunidades: si tú te emborrachas y destruyes la casita de tu vecino porque su *coche* (su puerco) se metió a tu milpa y comió de tu maizal, y tú quisiste matar al puerco pero el puerco corrió y fuiste y le rompiste la casa al vecino, el Código Penal Federal dice: "Allanamiento de morada, daños a propiedad ajena, a terceros, etc", y te mete a la cárcel. La comunidad no va a hacer eso, te va a decir: "Ah, tú rompiste la casa, entonces la vas a reparar y vas a trabajar un tiempo para reponer el daño que hiciste. Tú sigues en libertad física pero condenado moralmente, vas a tener que reponerle a tu vecino el mal que le hiciste, pero a la vista de todos." Todos te juzgan, te ponen en evidencia, que es lo que pesa mucho.

Al que mató al hombre, el Código Penal lo agarra preso y lo lleva a Cerro Hueco, por lo que quedan dos viudas: la del muerto y la del asesino. La comunidad dice: "No: libertad, física, pena moral. El que mató tiene que trabajar para la viuda y los hijos, y su mujer y sus hijos", y queda exhibido sin ninguna autoridad moral ni derechos como asesino, que es el mayor castigo. Si la viuda y la comunidad están de acuerdo con el castigo, ¿por qué vienen los judiciales, se llevan al asesino y dejan dos viudas? Son estas las cosas que no acepta el gobierno federal.

42

La sociedad civil ha de respetar al indígena

Nosotros pensamos que la solución del problema indígena no es solamente parte del gobierno, sino de la sociedad civil. Por ejemplo, en el caso de los Altos de Chiapas no basta con que el gobierno diga: "Habrá respeto y no habrá discriminación." Tiene que haber un cambio en la forma de ser y en la educación, en la forma de conducirse, de vivir, de la sociedad civil no indígena, por no llamarle mestiza o ladina. En esta ciudad hay gente muy noble, muy honesta, pero hay también gente muy déspota, muy racista a la hora de conducirse con los indígenas. Y eso se acumula, son odios que se acumulan.

En ese sentido, la posición del EZLN no es sólo dialogar con el gobierno federal o estatal o local, sino dialogar con la sociedad civil y decirle que tiene que haber un cambio también en su forma de relacionarse con el indígena. Aunque haya una ley que diga que ya no se discriminará al indígena esto debe ocurrir. Mientras las causas subsistan, el primero de enero del 1994 se va a repetir cualquier día de cualquier año de cualquier década, de cualquier siglo, aunque hayan tenido que pasar cinco para que llegara el primero de enero de 1994.

No se trata de quitar mestizos y poner indígenas

No se trata de que el que mande, en lugar de tener la piel blanca la tenga morena, o de que hable con dificultad el español. Puede ser moreno o blanco pero tiene que ser honesto, tiene que realmente dar respuesta a lo que dicen los compañeros. No se trata de que quitemos a todos los mestizos y ladinos y pongamos a puros indígenas. Si las causas de los males subsisten, aunque el poder sea indígena, éste se va a corromper y se va a vender.

***

Los compañeros no insisten tanto en que el gobierno sea de sangre indígena, como en que tome en cuenta sus necesidades. La gente que dice: "A Marcos se le va a voltear la gente porque no es indígena, y la gente sólo acepta líderes indígenas", está mal, no es cierto. Eso no es lo que a los indígenas les preocupa: que el gobernador de Chiapas sea un indígena, porque igual puede ser un hijo de puta; o que el presidente municipal sea indígena, porque igual puede ser un corrupto, un bastardo. Los compañeros dicen: "Puede ser un mestizo, un ladino, un universitario, un profesor, lo que sea, pero tiene que responder a los intereses de nosotros." No es la sangre la que va a definir las cosas sino la orientación. En ese sentido un gobierno indígena es el que reconoce las necesidades indígenas, sus condiciones de vida.

***

Los indios de otros lados, los del Golfo, por ejemplo, dicen que cuando digamos nosotros *ya*, ellos se alzan; o si les decimos que hay que hacer algo, lo hacen. Pero no sólo en México. Otros grupos de indios extranjeros nos habían ofrecido que si se rompía el cese al fuego ellos iban a hacer un desmadre del otro lado. Yo tuve que avisarles que no. Por eso la orden de prórroga al cese al fuego fue una orden para las fuerzas en el territorio nacional y en el extranjero, si no se hubiera hecho un desmadre.

***

La relación que hay entre los indígenas es muy cabrona, se da por unos medios que no se tiene idea. Tienen un potencial bélico muy cabrón. Por eso yo decía que si van a querer guerra, van a tener guerra para rato, pero para mucho rato.

Aquí la gente es igual que los de la ciudad: un desmadre

Aquí en la selva el indígena es igual que en las ciudades, son un desmadre. La única ventaja que les veo es que ceden a la presión del colectivo. Pero sueltos son un desmadre. Igual se emborrachan, violan, matan... Igual que en cualquier parte del mundo se desaniman, se sienten derrotados, se levantan y se sienten los dueños del mundo, todo, como cualquier ser humano. La única ventaja es que le ceden al colectivo el control social y lo respetan, porque si no, te chingan. O sea que el mismo colectivo de la comunidad te obliga a cumplir y te presiona o te reprime si no cumples. Pero no, no son superiores a otros mexicanos, o sea, que sean más seres humanos que otros, no. Yo pienso que las circunstancias los pusieron en este papel, pero cualquiera lo hubiera hecho si se hubiera visto en estas circunstancias como nosotros.

Nuestra Patria, nuestra bandera

La Patria tiene que nacer otra vez

Cuando bajamos de las montañas cargando nuestras mochilas, nuestros muertos y nuestra historia, venimos a la ciudad a buscar la Patria.

La Patria que se había olvidado en el último rincón del país, del rincón más solitario, el más pobre, el peor. Venimos a preguntarle a la Patria, a nuestra Patria ¿por qué? ¿Por qué nos dejó ahí por tantos y tantos años? ¿Por qué nos dejo ahí con tantas muertes?

Queremos preguntar: ¿Por qué es necesario matar y morir para que todo el mundo escuche a Ramona, que está aquí, decir cosas tan terribles como que las mujeres indígenas quieren vivir, quieren estudiar, quieren hospitales, quieren medicinas, quieren escuelas, quieren alimento, quieren respeto, quieren justicia, quieren dignidad. ¿Por qué es necesario matar y morir para que pueda venir

47

Ramona y puedan ustedes poner atención a lo que ella dice? ¿Por qué es necesario que Laura, Ana María, Irma, Elisa, Silvia y tantas y tantas mujeres indígenas hayan tenido que agarrar fusiles, hacerse soldados en lugar de hacerse doctoras, licenciadas, ingenieros, maestras?

¿Por qué es necesario que mueran los que murieron? ¿Qué ocurre en este país que es necesario matar y morir para decir unas palabras pequeñas, verdaderas, sin que se pierdan en el olvido?

La Patria tiene que nacer otra vez. De nuestros despojos, de nuestros cuerpos rotos. Tendrá que levantarse otra vez esta Patria.

Es lo que le decimos a la Patria, a una nación: ¿Por qué nos dejó no en la planta baja sino en el sótano?

Nosotros nos enfrentamos con una Patria que nos hace a un lado, que nos olvida, que no nos toma en cuenta y que ha decidido deshacerse de nosotros.

Nuestra primera reacción es de despecho, de reclamo, de reproche a la Patria. Pero nosotros no sabíamos algo, estábamos en la montaña perseguidos por las bombas y las balas, después nos damos cuenta que no es cierto, que la Patria no es lo que nosotros pensamos; que hay gente también que forma esa Patria que está dispuesta a llevar adelante a todo el país, no nada más una parte o una clase. Y es lo que a nosotros nos abre la esperanza de poder resolver realmente los problemas y ver si es que hay otro camino.

La bandera de México, nuestra bandera

Venimos a la ciudad armados de verdad y fuego para hablar con la violencia el día primero de enero de 1994. Volvemos a la ciudad para hablar otra vez pero no con fuego. Quedaron en silencio nuestras armas de fuego y muerte, y se abrió el camino para que la palabra volviera a reinar en el lugar donde nunca debió de irse: nuestro suelo.

Venimos a la ciudad y encontramos esta bandera, nuestra bandera. Esto encontramos: no encontramos dinero, no encontramos cervezas, no encontramos a nadie que nos escuchara. Encontramos la ciudad vacía, sólo encontramos esta bandera.Venimos a la ciudad y vimos que bajo esta bandera había un tapado no la Patria que ha quedado olvidada en los libros y museos.

Pero hay otra bandera, la bandera de México, nuestra bandera. Bajo esta bandera vive parte del país cuya existencia es ignorada y despreciada por los poderosos.

¿Por qué tenemos que dormir con las botas puestas cuidando esta bandera? ¿Por qué brincamos selva, montaña, valles, cañadas, caminos reales y carreteras cuidando esta bandera?

¿Por qué la traemos nosotros como la única esperanza de democracia, libertad y justicia? ¿Por qué las armas acompañan y velan día y noche esta bandera, nuestra bandera? ¿Por qué?

Nosotros queremos preguntarles si hay otra forma de vivir bajo esta bandera, otra forma de vivir con dignidad y justicia bajo esta bandera. Ustedes nos han dicho que sí, nos han hablado con palabras de verdad, nos hablan al corazón diciendo: "Denle una oportunidad a la paz", nosotros hemos recibido su mensaje y hemos venido aquí con ánimo verdadero y honesto; no traemos dos corazones, no hay fuerzas oscuras detrás nuestro.

Un lugar de su corazón para nuestro pensamiento

¿Quién nos impedirá entonces vestirnos otra vez de guerra y muerte para caminar la historia? ¿Quién? Ustedes tienen la palabra: los que gobiernan y los gobernados, los pueblos todos de este mundo. Respondan ustedes. Sabemos escuchar. Les pedimos que den un lugar a su corazón para nuestro pensamiento. No nos dejen solos. Con ustedes otros somos. Sin ustedes somos otra vez ese rincón sucio y olvidado de la Patria.

Queremos hablarle al pueblo de México

Nosotros estamos y queremos hablarle al pueblo de México. No digo nada más de los más desposeídos, sino algo más amplio: gente que tiene voluntad de cambio o el espíritu de buscar otra forma de país, un país más justo en el sentido de que si una parte del país está bien, debiera ser todo el país.

Nadie sabía que existía Ramona

Fue necesario que pasara lo que pasara. Fue necesario un primero de enero para que nos escucharan y fue necesario que murieran los

51

que murieron. No fue en vano en todo caso, si así nos han escuchado. Es esa Patria nueva, que nosotros decimos, a la que queremos hablarle y a la que nosotros podemos y estamos dispuestos a seguir por el rumbo que marque. Si es el rumbo pacífico y legal, vamos a seguir ese rumbo.

Pero nosotros sí sabemos que ahora le estamos hablando a una Patria diferente. Ni tú sabías ni nadie que existía Ramona y que detrás de ellas había decenas de miles igual. No sabías que ellos, que viven a unos kilómetros de San Cristóbal, en un estado que produce energía eléctrica para la ciudad de México, que produce petróleo para exportación, no tengan ni luz ni gas ni petróleo, que se alumbran con ocote, y que ni siquiera usan un mechero, un frasquito con petróleo y un pedazo de tela para prender. Ni siquiera eso.

No nos levantamos en armas por el gusto de matar y morir

Fuimos muchos los que quemamos nuestras naves esa madrugada del primero de enero y asumimos este pesado andar con un pasamontañas amordazando nuestro rostro. Fuimos muchos los que dimos este paso sin retorno, sabiendo ya que al final nos espera la muerte probable o el improbable ver el triunfo. ¿La toma del poder? No, apenas algo más difícil: un mundo nuevo.

Queremos que sepan ustedes que nosotros no nos levantamos en armas por el gusto de matar y morir, que nosotros no buscamos la guerra porque no queramos la paz. Nosotros vivíamos sin paz, nuestros hijos son niños y niñas como ustedes, pero infinitamente más pobres. Para nuestros niños y niñas no hay escuelas ni medicinas, no hay ropa ni alimentos, no hay un techo digno en donde guardar nuestra pobreza. Para nuestros niños y niñas sólo hay trabajo, ignorancia y muerte. La tierra que tenemos no sirve para nada. Con tal de conseguir algo para nuestros hijos salimos a buscar la paga en la tierra de otros, los poderosos, que nos pagan muy barato nuestro trabajo.

Nuestros hijos tienen que entrar a trabajar desde muy pequeños para poder conseguir algo de alimento, ropa y medicinas. Los juguetes de nuestros hijos son el machete, el hacha y el azadón. Jugando, sufriendo y trabajando salen a buscar leña, a tumbar monte, a sembrar desde que apenas aprenden a caminar. Comen lo mismo que nosotros: maíz, frijol y chile. No pueden ir a la escuela y aprender la castilla porque el trabajo mata todo el día y la enfermedad la noche mata. Así viven y mueren nuestros niños y niñas desde hace 501 años. Nosotros, sus padres, sus madres, sus hermanos y hermanas, no quisimos más cargar con la culpa de nada hacer por nuestros niños y niñas. Buscamos caminos de paz para tener justicia y encontramos burla, y encontramos cárcel, y encontramos golpes, y encontramos muerte, encontramos siempre dolor y pena. Ya no pudimos más y entonces tuvimos que llegar a encontrar el camino de guerra, porque lo que pedimos con voz no fue escuchado. Y nosotros no pedimos limosnas o caridades, nosotros pedimos justicia: un salario justo, un pedazo de buena tierra, una casa digna, una escuela de verdades, medicina que cure, pan en nuestras mesas, respeto a lo nuestro, libertad de decir lo que llega en nuestro pensamiento y abre las puertas de la boca para que las palabras nos unan a otros en paz y sin muerte. Eso pedimos siempre y no escucharon lo que nuestra voz clamaba. Y entonces tomamos un arma en las manos, entonces hicimos que la herramienta de trabajo se hiciera herramienta de lucha, y entonces la guerra que nos hacían, la guerra que nos mataba a nosotros la volvimos contra de ellos, los grandes, los poderosos, los que todo tienen y merecen nada.

Nosotros vamos a desaparecer como aparecimos

El espejo en que se está viendo la nación es un espejo nuevo, que más que resolverle una pregunta, le plantea más preguntas que tiene que resolver. El espejo del país ahora es un pasamontañas, el país se pregunta qué hay detrás, por qué ese pasamontañas. Lo que los lleva a la conclusión de que el problema no es el pasamontañas, que finalmente nosotros vamos a desaparecer como aparecimos, que pronto nos vamos a esfumar y que el país se va a dar cuenta de que sus problemas son otros, son más grandes, que tiene la posibilidad de resolverlos de muchas maneras, con muchas luchas.

Lo que tal vez ahorita no entienda el país, es que ese pasamontañas no quiere ser el poder hegemónico. Esto lo lleva a desconfiar de nosotros. Como que estaría más contento si dijéramos: nosotros queremos el poder y queremos poner una dictadura donde el subcomandante Marcos sea el nuevo dictador. Pero como nosotros decimos que no queremos nada de eso entonces se desconfía. Cuando uno quiere ser más honesto provoca más desconfianza que si dice claramente que es deshonesto.

La democracia que queremos

Democracia es que cada quien pueda decir lo que quiera, ofrecer una opción política y tener la libertad de escoger a uno y a otro sin que te metan a la cárcel, sin que te maten. La base de todos los problemas de salud, educación, vivienda, alimentación, es que no hay democracia ni libertad. Se necesita que haya democracia y libertad para que puedan resolverse los otros problemas.

***

La democracia en las comunidades es muy sencilla: si alguien no cumple lo remueven y ponen a otro. Nosotros decimos que así debería ser en el país: si alguien no está cumpliendo tiene que ser removido y tiene que entrar otro, de tal forma que el que queda elegido tiene que obligarse a sí mismo y obligar a su partido a cumplir lo que ha prometido.

El problema de la tierra

Los compañeros en su pliego petitorio se refieren al problema de la tierra en dos sentidos. El problema de la tierra no es la extensión o la tenencia en el sentido estricto, porque hay tierras de buena calidad y hay tierras de mala calidad. Ni siquiera la expropiación de fincas o de latifundios porque cuando menos en el estado no alcanza a cubrir las necesidades.

Ellos han insistido mucho en que el problema de la tierra es de productividad. Sería necesario no sólo el reparto agrario o el regularizar la tenencia, tendría que haber una fuerte inversión, una infraestructura que hiciera que la tierra que ya existe produjera más del promedio de hectárea, que en la Selva Lacandona es de media tonelada de maíz, y el promedio nacional, hasta hace unos años, es de ocho toneladas por hectárea.

Para nosotros no hay nada, no hay país

A los empresarios nosotros no tenemos nada qué decirles, porque aquí no hay empresas. Para nosotros no hay nada, no hay país. Ni hay gobierno, ni hay sector privado, ni hay sector público, ni hay escuelas, ni hay servicios médicos, no hay nadie.

Nosotros les estamos diciendo: ¡Vengan! y si otras partes del país tienen lo que nosotros no tenemos, entonces ¿por qué nosotros no podemos tenerlo?

Si el país tiene un nivel y nosotros estamos abajo, ¿por qué no nos ponen al mismo nivel de ventajas y de problemas, pues sabemos que ningún estado tiene los peores problemas resueltos?

¿De qué tenemos que pedir perdón?

¿De qué tenemos que pedir perdón? ¿De no morirnos de hambre? ¿De no callarnos en nuestra miseria? ¿De no haber aceptado humildemente la gigantesca carga histórica de desprecio y abandono? ¿De habernos levantado en armas cuando encontramos todos los otros caminos cerrados? ¿De no habernos atenido al código penal de Chiapas, el más absurdo y represivo del que se tengan memoria? ¿De haber demostrado al mundo entero que la dignidad humana vive aún y está en sus habitantes más empobrecidos? ¿De habernos preparado bien y a conciencia? ¿De haber llevado fusiles al combate en lugar de arcos y flechas? ¿De haber aprendido a pelear antes de hacerlo? ¿De ser mexicanos todos? ¿De ser mayoritariamente indígenas? ¿De llamar al pueblo mexicano todo a luchar de todas las formas posibles por lo que les pertenece? ¿De luchar por libertad, democracia y justicia? ¿De no seguir los patrones de las guerrillas anteriores? ¿De no rendir, de no vender, de no traicionar? ¿Quién tiene que pedir perdón y quién puede otorgarlo? ¿Los que durante años y años se sentaron ante una mesa llena y se saciaron, mientras con nosotros se sentaba la muerte, tan cotidiana, tan nuestra que acabamos por dejarle de tener miedo?

¿Quién tiene que pedir perdón? ¿Los que nos llenaron las bolsas y el alma de declaraciones y promesas, los muertos, nuestros muertos tan mortalmente muertos de muerte natural, es decir, de sarampión, tosferina, dengue, cólera, tifoidea, mononucleosis, tétanos, pulmonía, paludismo, y otras lindezas gastrointestinales y pulmonares? ¿Nuestros muertos, tan mayoritariamente muertos, tan democráticamente muertos de pena porque nadie hacía nada, porque todos los muertos, nuestros muertos se iban así nomás, sin que nadie llevara la cuenta, sin que nadie dijera por fin el *ya basta* que devolviera a esos muertos su sentido, sin que nadie pidiera a los muertos de siempre, nuestros muertos, que regresaban a morir otra vez pero ahora para vivir? ¿Los que nos negaron el derecho y don de nuestras gentes de gobernar y gobernarnos, los que negaron el respeto a nuestra costumbre, a nuestro color, a nuestra lengua, los que nos tratan como extranjeros en nuestra propia tierra y nos piden papeles y obediencia a una ley cuya existencia y justeza ignoramos? ¿Los que nos torturaron, apresaron, asesinaron y desaparecieron por el grave delito de querer un pedazo de tierra, no un pedazo grande, no un pedazo chico, sólo un pedazo al que se le pudiera sacar algo para completar el estómago?

¿Quién tiene que pedir perdón? ¿El presidente de la República? ¿Los secretarios de Estado? ¿Los senadores? ¿Los diputados? ¿Los gobernadores? ¿Los presidentes municipales? ¿Los policías? ¿El Ejército Federal? ¿Los grandes señores de la banca, la industria, el comercio y la tierra? ¿Los partidos políticos? ¿Los intelectuales? ¿Galio y Nexos? ¿Los medios de comunicación? ¿Los estudiantes? ¿Los maestros? ¿Los colonos? ¿Los obreros? ¿Los campesinos? ¿Los indígenas? ¿Los muertos de muerte inútil? ¿Quién tiene que pedir perdón y quién puede otrogarlo?

El hombre nuevo no está en el EZLN

¿El superhombre o el hombre nuevo están en el EZLN? No, la verdad no. No, no está aquí, es nada más nuestro ser colectivo el que subordina nuestras pequeñeces y nuestras miserias, me cae de madre.

60

El secreto es buscar la bandera que nos una

La única forma de lograr el triunfo del tránsito pacífico a la democracia es que el movimiento sea masivo, organizado y a todos los niveles; ahí el secreto es buscar la bandera que nos una y no lo que nos divida. Por eso decimos que primero debemos ponernos de acuerdo en qué no queremos, y luego lo que sí queremos. Si no queremos al partido de Estado, si no queremos presidencialismo, si no queremos esa cultura de imposición que ya se refleja en todos los niveles, incluso el nivel cultural, que se supone debería ser el más autónomo, entonces tenemos que unirnos para acabar con todo eso de la manera menos costosa.

Nuestro programa es de vida, no de muerte

Las causas que originan el movimiento son justas, son reales. En todo caso podrán cuestionar el camino, pero nunca las causas.

***

Nos han dicho que es posible llegar a esto sin la guerra. Que es posible que la paz abra la puerta de la esperanza para nuestros pueblos.

Estamos dispuestos a ver si otra puerta se abre, si es verdadera la seguiremos. Con ese ánimo le hemos dicho al gobierno nuestras demandas: democracia, libertad, justicia.

***

Nuestro proyecto no es de muerte absurda, sino que es de vida. Si hay otras formas de lograrlo, lo vamos a hacer.

El EZLN y la guerra

La guerra es una medida desesperada

Nosotros no somos partidiarios de la guerra. Cuando decimos que la guerra es una medida desesperada, es que es una medida desesperada. Por eso la gente que hace la guerra está desesperada, y por eso somos "encantadores", porque estamos desesperados. No nos preocupamos de ser simpáticos, no tenemos que andar preocupándonos por si caemos bien o mal. Dicen que mis chistes son muy malos pero a mí me vale madres.

Lo militar, lo más absurdo del mundo

Nosotros no nos preparamos diez años para levantarnos en armas. Nos preparamos diez años para pelear. Fue hasta que vino esa votación en el 92 cuando dijimos: "Vamos sobre ellos." Lo que quiero que me entiendan es que yo creo que lo más absurdo que puede haber en el mundo es un militar. Es la gente más absurda, incluyéndonos a nosotros, de veras.

No puedes hablar ni con un ganadero de Altamirano, ni con un militar, no puedes razonar con ellos, no se puede. Son absurdos, pues. Un militar da una orden y se cumple, y no va a permitir que se ponga a discusión la orden. Como militar tú no puedes permitir que la tropa se ponga a discutir las órdenes. En esa decisión –atacar por el flanco derecho, por ejemplo– se están decidiendo vidas y muertes, eso es absurdo, y más absurdo es que no te des cuenta de que es absurdo.

Somos soldados que no son soldados

Nos hicimos soldados para que un día no sean necesario los soldados. Escogimos este camino suicida, el de una profesión cuyo objetivo es desaparecer. Soldados que son soldados para que un día nadie tenga que ser soldado. Y es por esta bandera que nosotros nos hicimos soldados.

Nosotros insistimos mucho en lo de "Soldados que son soldados, para que no sea necesario que haya soldados". Y cuando nosotros decimos que no queremos el poder es porque no puede ser que un militar tenga el

64

mando de una sociedad. Porque un militar basa su poder en su cargo, en los capitanes, los mayores, los tenientes coroneles. Al que tiene un grado militar nadie lo elige: lo ponen. Imagínate qué aberración poder decidir sobre la muerte de alguien o de algo, y un combate es eso: vida o muerte. Lo peor que puede pasar es que haya un militar en un puesto de gobierno, incluyéndonos a nosotros. La militar es la lógica más antidemocrática y antihumana que hay. Por eso bailamos un chingo, para compensar. En este sentido el EZLN tiene una voluntad de suicidio, no de querer que nos maten, sino de desaparecer como militares. La única ventaja que tenemos es que nos damos cuenta de que es una pendejada lo que estamos haciendo, nosotros no queremos seguir siendo militares.

***

Vemos la lucha armada no en el sentido clásico de las guerrillas anteriores, es decir, la lucha armada como un solo camino, como una sola verdad todopoderosa en torno a la cual se aglutinaba todo, sino que nosotros siempre vimos desde el principio a la lucha armada como parte de una serie de procesos o de formas de lucha que van cambiando; algunas veces es más importante una y a veces es más importante otra.

65

El Ejército Zapatista de Liberación Nacional, un movimiento indígena

El EZLN es un movimiento de insurreción cuya dirección es mayoritariamente indígena: tzotzil, tzeltal, chol, tojolobal, zoque y mam.

No hay en el EZLN una ideología perfectamente definida en el sentido clásico de la palabra: marxismo-leninismo, social-comunismo, castrismo... Hay más bien un punto común de enlace respecto a los grandes problemas nacionales que coincide siempre en la falta de libertad y democracia.

Dos años preparándonos para ese día

Para nosotros fue un cambio muy radical el primero de enero. Habíamos estado dos años preparándonos para ese día y como todo debut siempre se piensa: ¿Estaré preparado? ¿No faltará más? ¿No será que debemos esperar todavía más, buscar más preparación? ¿No será extemporáneo? ¿Estaremos listos? Estas eran las grandes interrogantes que se dibujaban ese 31 de diciembre que se mezclaba con el ansia de un sueño que acariciábamos desde hacía mucho, de poder decirle al país y al mundo entero que ahí estábamos, qué queríamos, y todo el precio que habíamos tenido que pagar por adelantado para ese día.

Ya a distancia da risa, por ejemplo, que íbamos a atacar Tuxtla en lugar de San Cristóbal porque nuestra tropa no conoce la ciudad, que íbamos a agarrar una carretera a la derecha en lugar de la izquierda y a salir para otro lado. Si nos hubiera pasado esto, olvídate, hubiera sido un cagadero de gente que no hubiera tenido fin, y un costo en vidas muy grande.

***

Habíamos aprendido a pelear pero nunca lo habíamos hecho realmente. Además íbamos a un terreno que no era el nuestro: el terreno del enemigo, el terreno urbano, con un montón de tradición de racismo, de opresión. También estaba el peligro de que la tropa se saliera de cauce y empezara a ajustar cuentas centenarias de racismo, de desprecio, de opresión, de humillaciones que explica la reacción de cómo los compañeros destruyeron o les prendieron fuego a las presidencias municipales o a los cuarteles de la policía. Todos los compañeros habían pasado un tiempo por estos centros policiales. Ahí habían sido torturados, extorsionados, vejados. De una u otra forma ellos identifican al poder que los mantiene en esa situación con el poder político, en este caso con las presidencias municipales.

Esto era un problema, porque habíamos insistido mucho en el trato a la población civil, en que teníamos que cuidarlo porque éramos un ejército, no una gavilla de bandoleros ni un grupo vengativo. Igual era un volado de si se iba a entender eso. Pero salió bien, no hubo ningún desmán contra la población civil, ni le hicimos nada.

Un fantasma recorre Chiapas

Un fantasma rondaba a la población, sobre todo de San Cristóbal y Ocosingo: el día en que los indígenas llegaran armados y se cobraran, ahora sí, a sangre y fuego todas las afrentas que les habían hecho, porque hay un sentimiento de superioridad en ese tipo de gente, de abolengo, de racismo, pues. No creo que haya mucha diferencia entre el blanco de Sudáfrica hace unos años y el mediano y gran propietario de tierra y de comercio de Chiapas en 1994. Uno respecto al negro los otros respecto al indígena.

***

El día dos en la madrugada empezaron otras dudas: ¿Cómo reaccionar ante las reacciones del gobierno? ¿Qué vamos a hacer? ¿Se van a cumplir los planes de repliegue o no? ¿Con qué número de bajas? Porque nosotros acabamos el primero de enero limpios, sin una baja. Pero el día dos empezaron los problemas: los combates del sur de San Cristóbal, las de Rancho Nuevo y los de Ocosingo, y luego el repliegue desordenado de nuestras tropas a la Selva Lacandona, la preparación de la defensa y de la resistencia, y de ahí todo lo que sigue después. Digamos que el reloj iba muy lento el día 31, lento el primero, y que se empezó a acelerar el día dos, rápido, muy rápido..., el reloj histórico. Y después del cese al fuego, cuando se empieza a hacer efectivo, otra vez empieza a alentarse, uno empieza a entrar a otro ritmo de tiempo marcado por la luz solar.

***

Cuando te están disparando se siente que todo se te afloja. A mí se me quita el hambre. A otros les da más hambre. Pero luego se centra uno en el mecanismo de la respuesta y ya no se da cuenta ni siente miedo. Hasta después cuando te acuerdas: "¡Puta madre!, cómo hice esa pendejada de aventarme sólo, adelante, sin tener flancos que me protegieran." Sientes que todo se afloja con el miedo, ésa es la verdad.

Se hizo un desmadre y nos dimos cuenta que podíamos pelear

Voy a contar una historia que no me van a creer. EL 20 de mayo de 1992, en un pueblo de la selva, juntamos nosotros cinco mil hombres armados, en una fiesta que hicimos; nada más para ver si podíamos juntarlos. Ese día dijimos que cada combatiente tenía que llevar un cohetón, un cuete de fiesta y una varita de ocote. A una orden se tenían que prender los cuetes al mismo tiempo, y a otra orden los ocotes. La idea era qué tanta luz podíamos despedir. Entonces se hizo un desmadre porque yo estaba en la tribuna y les dije: "No vayan a reventar los cohetones"; y atrás dijeron: "¿Qué dijo?" "Que los revienten", dijeron otros. Y los prendieron y se hizo un desmadre, pero un desmadre, eran cuatro mil cuetes arriba. Y luego prendimos el ocote y ahí nos dimos cuenta que sí podíamos pelear, que podíamos juntarnos para pelear.

Democracia interna del EZLN. El que no cumple lo tumban

Lo que practican aquí los compañeros es lo que llaman el acuerdo de la comunidad. Se reúne la asamblea del ejido o de la ranchería y se dice: vamos a hacer tal trabajo. Primero sacan el programa y luego ya deciden quién lo va a hacer. Se pasan mucho tiempo discutiendo lo que se va a hacer. Pero no batallan en quién lo va a hacer porque les vale madre y porque ya saben que el que no cumpla lo tumban. Ya que queda bien claro lo que van a hacer, el que lo va a cumplir lo resuelve rápidamente. Si no cumplió, lo quitan rápido y ponen a otro.

Todo el tiempo que dedican para definir la tarea que se va a hacer se lo ahorran cuando definen quién lo va a cumplir. Ahí se alivianan y se diluye mucho el pedo de que yo, que el otro, que no sé qué. A la gente no le importa mucho quién es el que lo va hacer, de veras, no les importa, porque como quiera lo van a cinchar ahí en la asamblea.

La gente del comité es muy pero muy cabrona

Aquí se hace la votación por actas. Se juntan los compañeros en una asamblea, toman la decisión y en una acta levantan cuántos votaron sí, cuántos no. Cuando votaron la guerra los compañeros argumentaban de manera diferente. Algunos sectores decían que en lo que no estaban de acuerdo era en lo del Tratado de Libre Comercio, porque así se iba a vender al país. Otros planteaban que el gobierno no cumplía lo que prometía, que ya habían batallado mucho en trámites legales. Otros, que necesitaban la tierra. Por diferentes cosas se fue encontrando el punto en común: había que hacer la guerra. Las actas de las asambleas de la guerra son muy sintomáticas en el sentido de cómo diferentes argumentos llevan a la misma conclusión a los compañeros.

Cuando se da la votación del no a la propuesta de Camacho, se hace igual: se juntan en asamblea y estudian el documento oficial. Todo era una chacota completa. Yo estuve en unas reuniones que hacían para analizar la propuesta y eran las carcajadas, porque eran cosas que ya habían oído antes. Era cuando hablaban los viejos: "No, ni madres, eso lo oí yo cuando estaba Patrocinio, y cuando estuvo Juan Sabines, y cuando estuvo Velazco Suárez". Se acordaban de todo, decían: "Lo mismo que dice ahí, me lo dijeron antes y aquí estoy. ¿A poco me ven que tengo escuela y todo lo que prometen?"

Todo esto lo tomaban muy en broma, en el sentido de que "es una broma, el gobierno nos está engañando, no puede ser que sea en serio lo que nos está diciendo." Esto fue unánime, fue apabullante. El problema fue cuando se discutió qué hacer, ahí se armó una bronca en grande, porque en las primeras discusiones estaba muy brava la posición de que había que reanudar la ofensiva, que había que atacar de nuevo, que el gobierno sólo entendía así, que había que tumbarlo. Pero había otra parte que decía que no, que había que ver qué había pasado, que había que analizar qué otro sector estaba entrando en el conflicto.

En la mayoría de los poblados dijeron que no se firmara el acuerdo de paz, algunos recomendaron que ya no hubiera diálogo. "Ya no hables con el gobierno", me decían. Pero casi todos delegaron al comité la decisión del siguiente paso, fueron muy pocos los que no. En el comité una parte decía que había que atacar, y otra que había que valorar qué efectos, qué reacciones habían en la sociedad.

Estos acuerdos vienen de abajo y llega un momento en que tocan pared porque son asuntos de etnia, o sea que hay un comité de la etnia tzeltal, otra de los tzotziles, otro de los choles, otro de los tojolabales, y en el mero comité, en el de mero arriba ahí sí tienen que

73

ser muy políticos, porque tienen que ponerse de acuerdo entre etnias, y esta gente que está mero arriba, puta, son bien chingones.

Me meten cada cagada, que puta madre

En este comité se tratan las mismas problemáticas pero con puntos de vista diferentes. Realmente la gente que está en este comité de la comandancia es gente muy cabrona, pero muy muy cabrona, muy lampareada. Es gente que dice: "Vámonos a la barranca", y se va toda la gente a la barranca, es gente que ya tiene mucho prestigio en la base, pero mucho, mucho prestigio. Ahí sí están varios Zapatas, pero de a de veras. El problema es que le sacan mucho a la castilla, a hablar en español, porque tienen miedo de equivocarse, de decir *culo*, en lugar de *ojo*, de veras. Igual que delante de ellos yo le saco a hablar en dialecto, que además es una cuestión de protocolo. Cuando hablan con la comunidad a ellos les corresponde hablar porque son los líderes. Pero cuando es de hablar y escribir en español por lo regular no hablan si estoy yo. Y me meten cada cagada luego si la cago que puta madre... Me acuerdo con lo del condón, me regañaron bastante, y cuando lo de la pierna en San Cristóbal, también.

***

Antes de que la catedral de San Cristóbal de las Casas se construyera sobre este suelo, estos hombres ya la habitaban y la gobernaban con razón y derecho. Solamente viviendo en las comunidades indígenas se ve hasta qué punto la democracia es tan sencilla y tan efectiva y cómo se contrapone con otro mundo más dado a los arreglos por debajo del agua, a las zancadillas o a las patadas.

Medidas de seguridad del EZLN

Cuando se da la alerta roja quiere decir que es inminente que el enemigo en cualquier momento te cae. Entonces lo primero que hace el combatiente es escoger qué va a cargar y lo más importante ponérselo en el cuerpo. Lo segundo más importante en la mochila. Lo tercero lo esconde en algún lugar, y lo cuarto más importante lo quema. Lo más importante para el combatiente es lo que le sirve para pelear, luego lo que le sirve para dormir y comer, que mete en la mochila, y al final, cartas de su familia, cancioneros –porque los soldados zapatistas son cantadores así empedernidos– libros de poemas, de historia y fotos.

Tuve que aprender dialecto

Luego tuve que aprender el dialecto, porque se ponían a decir pendejadas delante mío, se burlaban de mí, y es muy cabrón que estén hablando delante tuyo y no sepas qué están diciendo y que se estén riendo.

Lo primero que tienes que aprender son las groserías, por sobrevivencia, y en los cuatro dialectos. El más difícil es el chol, tiene una pronunciación muy difícil, no le agarran los compas. Los tzotziles sí aprenden rápido tzeltzal, y los tzeltales tzotzil, el tojolabal es muy parecido. Pero ninguno de ellos puede con el chol. Los choleros sí aprenden los otros. Todos los choleros que hay ahí hablan los cuatro dialectos, todos, hasta castilla. Por eso se ofendían mucho cuando les decían que eran monolingües.

Para que a alguien le digan compañero, le cuelga

Hay cosas que nosotros no podemos hacer. "Ven, te invito a la fiesta de mi sindicato", me dicen, y yo no puedo ir a la fiesta de su sindicato; o: "Ven vamos a hacer una marcha en la ciudad de México, queremos que hables ahí", no puedo hacerlo, pues. O el Congreso norteamericano: "Ven, aquí a exponer lo que piensas que está pasando en México"; o: "Ven a mi casa". Porque hay gente que nos invita a sus casas a comer con la familia, los vecinos... No podemos hacerlo, tendríamos muchas limitaciones.

***

Para los miembros del EZLN, en el escalón del catálogo, el compadre está abajo, aunque haya mucha relación familiar. Luego le sigue el hermano que está en un escalón más alto y luego, más alto todavía, el compañero. Si te consideran compañero es que ya estás del otro lado del cerco. Pero para que a alguien le digan compañero le cuelga, le cuelga...

Si las demandas se cumplen ¿para qué las armas?

Nosotros no podemos entregar las armas a cambio de una promesa otra vez; podemos callarlas, guardarlas y dar oportunidad de que esa promesa se cumpla. Pero no podemos entregar lo único que nos queda: no tenemos tierra, ni techo ni educación ni salud ni nada. Simplemente tenemos un arma que además es de madera, ¿para qué la quieren?

Sólo tenemos eso pero estamos dispuestos a darle una oportunidad de que lo que pedimos se cumpla. Si se cumple, las armas no van a ser necesarias, pero ya que se haya cumplido. No puede ser un requisito previo el entregar las armas, no lo vamos a hacer. En todo caso las vamos a usar como leña para el fogón, porque son de palo las armas, dicen.

**

Si los problemas se resuelven cabalmente el EZLN no tiene razón de ser. El no nace para tomar el poder o para ponerse en el lugar de otro sino para que se cumplan unas demandas. Si las demandas se cumplen ¿para qué las armas? Si se cumplen, no si nos prometen que se van a cumplir.

Lo que el EZLN ha enseñado al país es dignidad

Lo que el EZLN ha enseñado al país es *dignidad*. Lo que hace el EZLN es agarrar un puñado de hombres, un puñado de armas y decirle al país: aquí estamos. Finalmente es el *ya basta* de padecer lo mismo sin decir nada, esa es la lección. Lo que más me llama la atención es que esta lección haya venido de los que menos cultura tienen, de los que más aislados estaban y de los que menos país eran, porque el EZLN se dirige no al presidente municipal o al gobernador: se dirige al país entero. Esto es como la posdata dirigida a todos los mexicanos, una lección de vergüenza. Esta es la principal lección, ni siquiera Marcos.

**

El EZLN es un ejército que militarmente en apariencia es local, pero en voluntad, en sus demandas, y aspiraciones es nacional. Así nos manejamos aunque estemos arrinconados aquí en la selva.

Hay otras fuerzas como el EZLN

Nosotros pensamos que sí hay otras fuerzas organizadas militarmente como el EZLN en otros lados del país. Debe haber otros grupos armados, pero están a la espera como nosotros para ver si hay otro camino, otra puerta. De todos modos ellos ya saben lo que cuesta una guerra, y si se están esperando es porque a lo mejor conviene. Pero tenemos informes reales de guerrillas preparándose para acciones armadas dentro del país, atentas o en *impasse* para ver qué va a ocurrir.

La guerra del Golfo Pérsico, más allá de Tuxtla

Cuando fue la guerra del Golfo Pérsico estaban los compañeros preocupados: "No, que ya se va a acabar el mundo porque ya va a empezar la guerra de los gringos, y van a aventar bombas y todo". Puta y toda la gente bien preocupada, y hacía rezos y misas y rosarios y la chingada. Hasta que se le ocurrió decir a uno del comité: "¿Bueno, y dónde queda Irak?" "No, pues queda muy lejos." "¿Pero qué tan lejos?" "No, pus muy lejos." "¿Pero está más allá de Tuxtla o más para acá?" "No pus más allá." "Ah, pues entonces no hay problema". Y se acabó el problema de la guerra del Golfo Pérsico.

Juntar un montón de desesperanza y organizarla

Los engañados y los desesperanzados tienen que organizarse. Tienen que organizar su desesperanza como nosotros organizamos la nuestra. Nosotros nacimos desesperados de una opción política, otros de una condición de vida, otros de un trato racial, otros del trato a una condición femenina, otros de un trato a la historia que va detrás tuyo. Lo que hicimos fue juntar un montón de desesperanza, organi-

80

zarlas, y el resultado fue una esperanza. Así nace el EZLN.

Para organizar su desesperanza cualquier otro puede hacerlo, no es algo extraordinario ni se necesitan grandes cosas, ni armamento sofisticado ni todas esas pendejadas que dijo la Procuraduría General de la República. Se necesita corazón, conciencia, claridad en lo que quieres. Como dice el poema de Paul Eluard: "Para ser feliz simplemente hace falta ver claro y luchar. Entonces sí se puede tomar el cielo por asalto."

La montaña

Es buena la montaña, pregúntenles a los federales

Los dobleces y las mentiras no son muy frecuentes en la montaña, es muy difícil. La montaña te desnuda, no puedes fingir que eres una cosa y no serla porque se ve inmediatamente. La montaña hace que tus virtudes se hagan muy grandes y tus defectos también. Es muy radical en ese sentido la montaña. Obliga al ser humano, hombre o mujer, a ser sincero consigo mismo y con la gente con la que vive. Es buena la montaña, pregúntenle a los federales.

Si eres un hijo de puta a huevo que ahí sale

En la montaña ¿tú que escondes? Estás día y noche con la tropa, si eres un hijo de puta, ahí sale, a huevo que sale. No puedes ser egoista ni con la comida. ¿Cómo vas a esconder que estás comiendo más? Igual con el trabajo, porque todo el mundo se da cuenta si te haces pendejo. En el combate también se dan cuenta si estás peleando o si te estás haciendo pendejo. Pero también lo malo que tenemos se potencia mucho, se hace muy evidente en la montaña; y lo bueno, si es que te interesa, también ahí sale. Hay cosas que te reprimes, que sientes que no puedes hacer porque te presiona el colectivo. Si tienen ganas de tomar azúcar, puedes ir a tomar el azúcar, pero sientes que no puedes hacerlo porque está racionada, o estás muy cansado y te quieres quedar dormido y pues todos te están viendo ahí.

Lo dejábamos dos días sin agua

Hay una culebra muy venenosa que se llama nauyaca que si te pica te mata. Cuando nosotros llegamos a la montaña no había apoyo de los pueblos, se acababa la comida y te chingabas. Entonces comíamos de todo: tlacuache, ratón y nauyaca, aprendimos a comer culebra. Cuando entraron los primeros indígenas a los grupos guerrilleros no querían comer nauyaca porque decían que te evenenaba.

La nauyaca sabe como a pescado asado. Los indígenas decían que la parte que está cerca de la cabeza es la que tiene el veneno. Entonces ya descabezada los indígenas dudaban de cuál de las dos partes era la que estaba cerca de la cabeza. Como ya estaba descabezada no se sabía cuál era la cola y cuál la cabeza. Era una auténtica crisis de conciencia.

Esto de la culebra era la clásica novatada. Al novato le decíamos: "No, pues hay una parte que es venenosa y aquí como somos compañeros al que le toca le toca." Entonces se repartían las raciones y comíamos enfrente de todos (como no había comida, tenías que comer lo que había). Luego empezaba uno a chaquetear diciendo: "No, pues a mí no me tocó la parte de la cabeza." "No, pues a mí tampoco". Entonces todos nos le quedábamos viendo al novato y le decíamos: "Sólo un consejo te podemos dar: no tomes agua, porque si tomas agua te vas a morir pronto". Y lo dejábamos dos días sin agua. Eramos cabrones.

Otra vez un compa que estaba haciendo guardia se quedó dormido, y de pronto oye un ruido: era un tlacuache que estaba adentro de una tetera. Y este compa dijo: "Puta, y ahora qué hago. ¿Cómo le voy a dar de vergazos si está adentro de la olla?" No se le ocurría qué hacer, pero tampoco me despertó. Entre que son peras y son manzanas agarró la tetera, la volteó y dejó adentro atrapado al tlacuache. Luego se sentó arriba de la tetera y se puso a pensar, pero le dieron ganas de ir al baño, entonces puso tizones alrededor de la tetera, y cuando regresó estaba la tetera tronando como olla de palomitas. Después de que se dejó de oir el ruido, levantó la tetera y no había nada... "Puta madre, pensó, pinche tlacuache es cabrón, se escapó quién sabe por donde, es mago". Pero luego ya que lo revisa bien y no hombre, el tlacuache estaba quemado, pegado, y así nos lo comimos. Huele bien feo cuando te lo estás comiendo, huele a podrido, pero te lo estás avanzando, ni modo, qué vas a hacer.

Lo que los periodistas nunca preguntan

Los ratones también nos los comíamos. Tomábamos orines también cuando las caminatas eran muy largas. Nos turnábamos a ver a quién le tocaba orinar para que no nos deshidratáramos al mismo tiempo, y el otro tenía que aguantarse hasta que le tocara su turno de orinar. Esta es la parte que ningún periodista pregunta, de veras. Nos preguntan de la época en que éramos guerrilla. Nos preguntan de enero para acá, *sex appeal* y esas pendejadas... Esta es la historia, la historia que no se cuenta.

***

Otra novatada era la del tigre, porque ahí anda el tigre en la montaña. También igual los

86

indígenas le tienen miedo al tigre, y los viejos espantan a los jóvenes diciéndoles de las huellas de los tigres en los caminos para que les dé miedo. Son cabrones.

Otra es la de la cocina. En el ejército hay un superintendente que es el que regula que la ración de comida se reparta parejo y que no se acabe la comida. Pero uno cuando apenas llega dice: Superintendente, ¿qué chingados quiere decir eso? Entonces los que ya llevan tiempo tienen la manía de explicar que el superintendente quiere decir que le toca cocinar siempre. Y a mí me la hicieron esa. Me tuvieron 15 días en la cocina todo el tiempo, cocinándoles y cocinándoles. Hasta que llegó otro compañero y me dijo: "No, es pura mamada, superintendente es el que administra los alimentos". En la cocina tenían que turnarse, pero a mí ya me habían chingado.

Ellos me enseñaron todo esto

En la montaña estaba el grupo inicial, eran muy poquitos, cinco. Tres de ellos eran indígenas-campesinos, ellos fueron los que me enseñaron todo esto, poniéndome a prueba. Como uno es de la ciudad quieren ver si puedes. Te obligan a que camines a su paso, que cargues lo que ellos cargan, y si lo logras hacer y lo aprendes te aceptan dentro del grupo, moralmente hablando, aunque política o nominalmente ya estés dentro. Tú eres parte del grupo de montaña desde el momento en que estás al mismo nivel físico, aunque políticamente ya estés integrado.

Ellos me enseñaron a vivir de la montaña, a cazar, a seguir al animal, a conocerlo, a conocer las plantas venenosas, las que se pueden comer, las que esconden agua –porque hay lugares en donde no hay agua y hay que sacarle a la planta el líquido–, los ruidos de la noche; y en todo ese proceso también muchas historias de montaña, de montaña indígena.

***

Luego me decían los compas campesinos: "No, pues te voy a enseñar a cazar. "Pues vamos, les decía, y cómo va a hacer". "Tú te vas a fijar en lo que yo hago". Entonces ellos disparaban al animal y yo iba y lo cargaba, y así me traían cargando el animal, pero no me prestaban el arma. Ya en la cocina les preguntaba: "¿Y ora?" "Pus ora te toca prepararlo, aliñarlo." Entonces tenías que pelarlo, sacarle las tripas. "¿Y ora?" "Ora tienes que cocinarlo". Pues ya lo dejaba en la olla. "Ora tienes que esperar a que esté, porque el buen cazador hasta que sirva el plato, si no no sirve". Igual me paraban una chinga. Hasta que ya me aceptaron y ya me dejaron cazar. Pero, puta, me daban una chinga que no tienes idea. Como era de la ciudad estaba a prueba en todos los sentidos.

Hacer una comida lleva mucho tiempo

Hacer una comida te lleva mucho tiempo, tienes que acarrear el agua de muy lejos porque los campamentos no están cerca de los arroyos ni de los ríos. Tienes que cortar la leña y lavar los platos bien, porque en tropa así numerosa una enfermedad se corre como pólvora, y te puede tumbar a toda la tropa. Luego cocinar con leña te toma mucho tiempo, porque además la leña la tienes que ir a traer, entonces la cuidas mucho. Te toma tres, cuatro horas hacer una comida para 20, 30 combatientes, y otra hora y media en limpiar los trastes y lavarlos, porque también hay que ir al río, al arroyo, a lavar los platos, dejarlos bien limpios y dejar todo listo para unas horas después empezar a hacer la comida. En la montaña sólo hacemos dos comidas: un desayuno muy temprano, y la comida ya muy tarde. Es esa lógica de tiempo la que marca toda la vida en la selva, no sólo en la montaña, sino también en las comunidades.

Cuando la montaña se convierte en tu compañera, tu amante, tu amiga

Los compañeros te cuentan historias de aparecidos, de muertos, de luchas anteriores, de cosas que han pasado y que se mezclan mucho. A veces parece que te están hablando de la Revolución Mexicana –de la pasada no de la que esta ocurriendo ahorita–, a ratos no, a ratos lo que dicen se confunde con la etapa de la Colonia, a ratos parece que están hablando de la época prehispánica, pero no hay una definición temporal, te hablan de lo mismo pero lo puedes ubicar en tiempos diferentes y eso contado a la luz de una hoguera en la noche, solo, sin nadie a tu lado y con esta relación entre montaña y selva, crea un ambiente diferente muy antiurbano.

Si lo logras pescar, si logras entrar en este ambiente ya estás adentro: la montaña es tu compañera, tu amiga, tu amante o como le quieras llamar, y empieza a jugar y a pelear de tu lado, empieza a mostrarte cosas que antes no te mostraba, empieza a ser más amable contigo y te acepta finalmente. Pero el primer paso, el de entrar, lo hacen tus compañeros, ya que ellos prácticamente te llevan de la mano, pero te exigen un tiempo y te dicen: "Si en este tiempo te aclimatas y estás a mi nivel te acepto por voluntad propia." Ese es el mando que vale con nosotros, el mando moral, no las estrellas que traigas en el uniforme: "Yo te voy a ayudar hasta donde puedas pero tú tienes que poner de tu parte." Y así fue como pasó, así fue como Marcos entró a la montaña, se graduó de teniente y luego empezó a agarrar más responsabilidades y más trabajos hasta llegar a ser el "sub" como es por todos conocido.

Los helados de Coyoacán, los taquitos de División del Norte

En la montaña hablamos mucho de azúcar, es de lo que más hablamos: del azúcar y de un par de calcetines secos, porque siempre andas con los pies destrozados y es terrible. Dormir con frío y con los pies mojados, no se lo recomiendo a nadie. Por el desgaste físico necesitas mucho del azúcar, y es lo único que no te da la montaña, lo tienes que traer de lejos. Esto era una obsesión para nosotros los que veníamos de la ciudad, era una especie de masoquismo. Luego empezábamos a hablar: "No, pues yo me acuerdo de los helados de Coyoacán, de los taquitos de División del Norte, o de los tacos al pastor (¿todavía existen?), de La Otra Carne, ahí por Insurgentes casi esquina con Viaducto..."

En la montaña si cazaste un faisán o algo que mataste tienes que esperarte tres o cuatro horas para que esté listo. Si la tropa está muy desesperada se lo va a aventar crudo, y al otro día la diarrea colectiva. Es otra vida, otra forma de ver todo.

Me reprobaron y me quedé como subcomandante

Para un ladino la Selva Lacandona es lo peor que le pude pasar. Peor que un programa de 24 horas. Nosotros entramos aquí en un proceso de enseñanza-aprendizaje. Los compañeros me enseñaban lo que sabían de las montañas y yo a ellos lo que yo sabía. Y así fue como empecé a agarrar grado: subteniente, teniente, capitán primero, capitán segundo y subcomandante. Allí me hicieron el examen de prensa y me reprobaron, me quedé como subcomandante. No le tuve paciencia a la prensa.

Los sonidos de la montaña

Los sonidos de la noche son los más fáciles de distinguir y de aprender. En el día por lo regular está tu vista distraída, puesta en otras cosas, no dependes tanto del audio o sea del oído, sino de la vista, pero en la noche sobretodo es oído, la vida del guerrillero es oído. Entonces cuando recién llegas hay ruidos que te sobresaltan, parece que está pasando algo, pero cuando pasas mucho tiempo en la montaña, muchos años, aprendes a distinguir los sonidos: cuando llueve adentro de la montaña, cuando está seco, cuando es un animal, cuando es una persona, cuando es algo que no encaja en el sonido general de la noche; y aprendes a estar alerta o a registrar ese cambio en el sonido y a ponerte listo en caso de que algo esté pasando.

El guerrillero, sobretodo en la noche, ve con el oído a diferencia del día, pero eso sólo lo puedes hacer si ya llevas tiempo en la montaña para que puedas distinguir entre lo que es normal y lo que no es normal.

***

Nosotros hacíamos prácticas de infiltración que es aproximarse en silencio a un lugar sin que el que está ahí detecte o te escuche. Entonces le vendábamos los ojos a algún compañero y por diferentes lados se le acercaba alguien tratando de no hacer ruido. El compañero con los ojos vendados tenía que señalar dónde había escuchado algo y describirlo. Así hacíamos con los reclutas que no llevaban tanto tiempo con nosotros en la etapa de sobrevivencia cuando estábamos mero adentro de la selva. Después ya que descubrimos el arma del oído para movernos en la noche entrenábamos a nuestra gente con los ojos vendados para que se acostumbrara al ruido normal de la noche.

***

Lo que te indica tranquilidad es el ruido de los grillos, ahí distingues varios niveles. Hay unos más fuertes, intermitentes, otros que son constantes y otros que se prenden un rato y luego se apagan. En eso pueden aparecer pasos, pasos de animales, de tepezcuincle, de gato de monte o tigrillo, como le dicen ustedes, y de tlacuache que es el enemigo principal de la guerrilla porque es el que se come la comida cuando estás dormido.

Cuando llevas tiempo en la montaña por los pasos distingues quién es el que está acercándose. Por ejemplo, a mí me toca recorrer las posiciones de noche, entonces los compañeros ya me conocen el paso y según como oyen mis pasos saben que soy yo. Uno aprende a distinguir los pasos de uno u otro de los combatientes.

En la noche lluviosa se hace mucho lodo en los campamentos por lo que hay caminos en los que sólo puedes caminar por un lado, porque lo demás está tupido en el monte y además ponemos trampas caza bobos. Entonces si te vas por donde no es, te llevas una desagradable sorpresa. Son lomas muy empinadas y por lo regular no usas la luz para ver porque se ve mucho de lejos. Caminas de memoria, lo que viste de día lo caminas de memoria. Pero ahí es donde si no apoyas bien, si te apoyas en una rama o en una raíz, te tropiezas y al suelo.

Otro ritmo de tiempo en la montaña

Uno se levanta temprano, pero también te acuestas temprano. Ya no hay nada qué hacer pues ya no hay luz, y se usan velas. Pero por lo regular los compañeros usan el mechero, que es un frasquito con petróleo y un pedazo de calcetín, que hay que cuidar porque el petróleo hay que traerlo de lejos.

Prácticamente la vida en la montaña, en la selva, se acaba a las siete de la noche y empieza a las cuatro, cinco de la mañana, y transcurre así sobre grandes periodos de tiempo: con la preparación del desayuno, el entrenamiento, las prácticas militares, el estudio, la discusión política, la preparación de la comida, luego entran las guardias nocturnas y las diurnas descansan. Es otro ritmo de tiempo que no corresponde al tiempo urbano.

Cómo pueden andar en la montaña si ahí están los muertos

Cuando los compañeros piensan porqué murieron los que murieron el dos de enero, toman la decisión de seguir luchando por sus muertos, que están, según ellos, en la montaña. Por eso cuando nosotros llegamos a la montaña, la gente decía: "Puta madre, están locos, cómo pueden andar en la montaña si ahí están los muertos". Luego cuando vieron que no nos pasaba nada, decían: "No, pus éstos tienen trato". Cuando se dieron cuenta de que nosotros vivíamos en la montaña nos tuvieron respeto.

Lo que más te enseña la montaña es la esperanza

Cultivar la esperanza es la única forma de sobrevivir en la montaña como ser humano.

96

Pensar que todo lo que te está pasando tiene un sentido. La esperanza de que lo que ocurre en la montaña es anónimo, más anónimo que un pasamontañas, tan anónimo que nadie pregunta sobre esa época. Los periodistas que vienen te preguntan: ¿Qué dices de Camacho? y que si Salinas, ¿cómo atacaste San Cristóbal?, ¿qué se siente ser la estrellita marinera? y tonterías por el estilo. Pero nadie pregunta de la época donde no había pasamontañas, cuando no había nada y la montaña te hacía una promesa. Te dice: "Bueno, estas dificultades que tienen ustedes tendrán una recompensa algún día, esto que estás aprendiendo algún día lo vas a usar, y va a servir de algo, no para ti en lo personal, sino para este país en que te tocó vivir –para bien o para mal–, en el que te tocó nacer.

Esta es la experiencia a la que nosotros le apostamos a vivir o morir el primero de enero: esa experiencia que nos hace salir de la montaña, mantenernos en torno a las ciudades, tomarlas, salir, replegarnos otra vez y sentirnos con la confianza de pelear en casa, con el arma poderosa de la montaña que nosotros ya conocíamos y que sabíamos que la teníamos de nuestro lado.

Pero lo que más te enseña la montaña es la esperanza. Como quiera dejas una llamita por ahí que dice: "Todavía hay una esperanza de que esto cambie." La montaña cuida esa llamita, le hace casita con las manos para que no se apague. Esa llamita es la que prendimos el primero de enero.

Nosotros usamos la imagen de que es tan grande la oscuridad que hay en este país que esa lucesita brilla mucho, no porque sea grande, sino porque la oscuridad es la que es grande.

Eso es lo que te enseña la montaña. Sé que puede sonar medio cursi o telenovelesco, pero hay que irse a la montaña para entender que alguien de la ciudad no tiene mas que aferrarse a la esperanza, porque ahí no hay nada, nada más.

Nuestra política

El EZLN no quiere el poder

Los compañeros han sido claros de que el Ejército Zapatista no busca el poder. ¿Por qué nos quieren hacer partido político si nosotros no queremos el poder? Nosotros queremos vivir en paz, con democracia, libertad y justicia.

***

No queremos un cargo ni una presidencia municipal, ni una gubernatura, ni una secretaría de Estado, ni una embajada, ni la presidencia de la República. ¿Entonces para que vamos a ser partido político? ¿No hay bastantes ya? ¿No pueden entender que un movimiento político no tenga interés de poder político? Ya hay suficientes partidos políticos. ¿Para qué vamos a meter otro más? No queremos.

***

¿Realmente quieren que nos hagamos partido político? Ya me imagino frente al secretario de Gobernación diciéndole:

99

–Vengo a solicitar el registro del Partido Pasamontañas del Sureste.

–¿Y usted quién es?

–Soy el subcomandante Marcos.

–¿Y ella quién es?

–Es la Comandante Ramona.

–Ven y tómate la foto para votar y sin pasamontañas.

No nos hagan partido político, ¿para qué nos quieren como partido político? Para que digan: "Ahí está, ¿se vendieron o qué? Lo que quería Marcos era que lo mandaran como embajador a tal lado, o quería ser gobernador del Estado, o Ramona quería dirigir el DIF en el estado, o David quería ser presidente municipal, o Camilo quería ser policía judicial federal pero no lo dejaban y por eso se alzó en armas."

El PRI tiene una deuda muy grande que pagarle a todo el país

Si el Gobierno Federal está ligado a un partido político, entonces no puede haber democracia, porque es un partido político el que se está

100

beneficiando. Tiene que haber un cambio en el sistema democrático que garantice que no haya privilegios, que la opción política que gane en las elecciones tiene que ganar a la buena.

Por eso nosotros decimos que no estamos en contra del PRI, PAN, PRD, PPS, PARM, ni de nadie. Cualquiera de ellos que gane, lo respetamos, pero para nuestra concepción de democracia, el que sale ganando es porque te ofreció algo y porque tiene que cumplirlo.

***

Se acumularon muchos rencores, muchos, pero muchos. No se puede quedar el PRI así nada más. Tiene una deuda muy grande que pagar en todo el país.

Diálogo de hombre a hombre

Cuando nosotros nos sentamos con el mediador, el obispo Samuel Ruiz, y el comisionado para la paz, Manuel Camacho Solís, nos desarmamos. Dejamos las armas a un lado y hablamos de hombre a hombre, sin armas de por medio, sin amenazas, ni presiones. Las armas que traemos ahorita, cuando no estamos en la mesa del diálogo, son armas personales únicamente para defendernos en caso de que hubiera una

101

agresión de alguna gente que se sintiera agredida, ofendida, por nuestra palabra de verdad y justicia.

***

Nosotros distinguimos entre lo que es diálogo y lo que es negociación. El hecho de que haya disposición del gobierno federal y disposición del Ejército Zapatista para hablar con las palabras en lugar de hablar con las armas, abre un espacio —nosotros decimos una oportunidad para la paz— para otro camino.

Pero nosotros como Ejército Zapatista vemos que parece abrirse otro camino que no sea el de seguir el enfrentamiento militar, el enfrentamiento violento: el de las palabras, que es el que nunca debió haber sido abandonado y por el que nosotros salimos por las circunstancias que hemos explicado.

No hay quién chingados le entienda al gobierno

Cuando nosotros vamos al diálogo de San Cristóbal vamos a hablar con la sociedad civil, no con el gobierno. De hecho dedicamos más tiempo a hablar con la sociedad civil, a través de los medios que con el gobierno. Con

Camacho dejamos de hablar el segundo día: los compañeros no entendían nada. Nos íbamos a un lado aparte y le decíamos a don Samuel Ruiz que fuera a decirle algo a Camacho, quien le contestaba; luego don Samuel nos decía lo que Camacho le había dicho. Así fue desde el segundo día, porque los compañeros no entendían lo que decía Camacho, porque Camacho primero habló con Marcos y con lo que supuestamente estaba detrás de Marcos, habló como político. Entonces los compañeros se desesperaron por eso y decían: "Hay que tumbar al gobierno porque no hay quién chingados le entienda a lo que está diciendo."

***

A nosotros nos llegan a ofrecer que no entreguemos las armas pero que digamos que sí entregamos las armas. Nos llegan a decir que no hagamos la paz, pero que firmemos que vamos a hacer la paz. Nos llegan a ofrecer ayuda económica del gobierno, pero que no digamos que es ayuda del gobierno; y el problema con el EZLN es que más que importarle aparentar ser honesto le importa ser honesto en los hechos.

A nosotros nos decían: "Pueden guardar las armas ahí en tu campamento, ahí las vas a tener, pero fírmame el papel donde dice que ya las entregaste." ¿Por qué al gobierno no le preocupaba quitarnos las armas sino aparentar que nos había quitado las armas? Para decir: "Vean, se rindieron, aquí está la prueba, entregaron las armas", aunque nosotros las tuviéramos.

El Tratado de Libre Comercio: nos van a matar sin balas

El Tratado de Libre Comercio es un problema para nosotros porque no hay ningún apartado que hable de los indígenas.

Entra el TLC a funcionar y se supone que la mano de obra calificada es la que va a competir en las empresas o industrias y con calidad. Son las que van a competir y si nosotros no sabemos leer y escribir ¿qué posibilidades tenemos de competir en el mercado mundial, haciendo qué?

Nosotros sabemos cortar leña, cargarla, sembrar la tierra con un palo, ni siquiera usamos la yunta. Si en Chiapas entrara la yunta sería un salto de cien años. Simplemente la yunta, no estoy hablando de tractores ni de fertilizantes ni de insecticidas ni nada de eso.

¿Qué posibilidades tenemos de competir, con qué cosa, si ni siquiera podemos competir contra la muerte, como vamos a competir contra ellos?

Por eso es que nosotros decimos que el TLC tiene que tener algún apartado que tome en cuenta a esta población o la van a aniquilar, tarde o temprano.

¿Qué parte del TLC dice: los indígenas están así y así, hay este plan? Ninguno. ¿Cómo vamos a competir con el campesino norteamericano o canadiense si no podemos competir ni siquiera con el coyote que se lleva la cosecha del café? Nos van a destrozar, pues, sin balas. Cuando entre al nuevo orden internacional el país tiene que tomar en cuenta a sus seres más pequeños, no los puede dejar condenados a muerte.

El proyecto de nosotros es: o cambian las cosas o nos morimos de hambre. Así de sencillo.

No queremos invadir la Casablanca, ni acabar con la raza blanca

Nosotros pensamos que hay dos niveles en lo que llamamos los Estados Unidos de América: lo que es el gobierno de los Estados Unidos de

105

América y lo que es el pueblo de los Estados Unidos de América.

Pensamos que tanto el gobierno norteamericano, como el pueblo de los Estados Unidos, tiene que tener claro que en nuestro movimiento no hay nada que afecte a sus intereses.

Nosotros no queremos el poder, no queremos invadir ni tomar la Casa Blanca, ni acabar con la raza blanca, ni acabar con los gringos. Nosotros lo que queremos es que nos dejen vivir en paz según nuestras formas de gobierno.

Pensamos que nuestro mensaje debe ser entendido así por el gobierno norteamericano y por el pueblo de los Estados Unidos. Nadie se está enfrentando con una amenaza manejada por los hilos de Moscú o de Cuba o de China o de alguna otra fuerza del mal que ande por ahi: Sadam Hussein, Kadaffi, todo eso queda demasiado lejos.

Nosotros hemos pensado que el pueblo y el gobierno norteamericanos se van a dar cuenta que nosotros no tenemos nada contra ellos y que, en todo caso, si van a intervenir, en el caso del pueblo norteamericano, nosotros pensamos que van a mandar ayuda: medicina, alimentos, ropa, para la gente que está siendo afectada por el conflicto, y que viendo la verdad que sustenta nuestro movimiento, el gobierno norteamericano va a presionar al gobierno mexicano para que haga cambios que eviten que este tipo de movimientos surjan: cambios democráticos, cambios en su política económica, cambios en su política social, para que haya justicia.

***

No se trata aquí del sistema comunista contra el capitalista. Se trata de: o hay vida o hay muerte, para nosotros ese es el problema.

***

Estamos seguros que si el Pentágono, la CIA y el FBI están revisando sus computadoras para ver si Marcos es soviético o cubano o si recibió asesoría, les va a salir que no, que no hay extranjeros. Y si empiezan a ver la liga de donde vienen las armas, entonces van a ver que no, que no hay financiamiento externo. Finalmente van a concluir que el problema es un problema mexicano con causas justas y verdaderas.

***

A nosotros no nos preocupa que las tropas norteamericanas nos vayan a invadir, porque pensamos que hay suficiente información y raciocinio para entender que no hay fuerzas oscuras.

Sociedad civil

Yo pienso que la sociedad civil ha demostrado madurez, su posición respecto a Chiapas es madura. No dijo: "Que gane el Ejército Zapatista o que gane el Ejército Federal." Dijo: "HABLEN, NO PELEEN."

***

Los indígenas tenemos el sagrado derecho de ser escuchados. Por eso les pido a nombre de mis compañeros todos que, si es posible, hagan el esfuerzo de buscar la forma de ser escuchados, porque entendemos bien que todos los indígenas del mundo somos los más despreciados, los más marginados, los más olvidados.

Creemos que ha llegado el momento de que todos unamos nuestras voces para que nos escuche el mundo entero.

Medios de comunicación

Los medios de comunicación, la vanguardia del país

Los medios de comunicación nos sorprendieron. Nosotros no esperábamos que fueran la vanguardia del país. Hay quien dice: "Es que el EZLN es la vanguardia del país." Yo les digo que no es cierto, que la vanguardia del país son aquellos medios de comunicación que han sido honestos y consecuentes con su deber de informar y mostrarle al país lo que pasa realmente. Ellos son los que han despertado la conciencia respecto a los indígenas del sureste de México.

***

Consideramos que hay dos fuerzas que se ponen primero a la par de nosotros y luego nos superan: los medios y la sociedad civil, no los partidos políticos. Yo pienso que los partidos políticos no nos alcanzan todavía, no alcanzan al país y que todavía más atrás está el Estado.

Pienso que los medios primero y la sociedad junto con ellos, rápidamente nos dan alcance los primeros días del movimiento, luego nos rebasan para ver lo que va a ocurrir, y nos dicen: "Espérate, probemos primero, a ver si es cierto que hay otro camino."

Todo esto nos agarró por sorpresa

Nosotros conocíamos los medios, su lógica, su funcionamiento, porque los estudiamos cuando éramos más jóvenes, cuando estábamos en la preparatoria, en la universidad: ¿Cuál era su lógica? ¿Cómo se articulaban? ¿A qué intereses respondían? ¿Cómo eran controlados? ¿Qué políticas se manejaban: en la radio, la prensa escrita, la televisión, las agencias informáticas nacionales y extranjeras? Pero a la hora de la hora viene la reflexión de lo que significa esto para un movimiento guerrillero.

Si tú, antes del primero de enero de 1994, querías mandar un comunicado tenías que secuestrar a alguien y obligar al periódico a que lo publicara, o a que la familia del secuestrado pagara al periódico y se publicara (ahí están los antecedentes de Lucio Cabañas y de Genaro Vázquez), o conformarte con los volantes clandestinos limitados en su distribución. Por eso nosotros al principio titubeamos,

110

porque decíamos: "Bueno, vamos a mandar un comunicado pero a ver quién chingados lo va a querer publicar, porque somos un movimiento guerrillero en contra del gobierno." Pero luego lo que ocurrió fue que la realidad que esperábamos enfrentar a nivel de medios era otra. No esperábamos ni una prensa, ni una radio, ni una televisión ni nacional ni extranjera, tan abierta a recibir esto. Todo esto nos agarró por sorpresa.

Entonces nos dirigimos a través de los medios a la gente: a otros campesinos, otros indígenas, otros maestros, otros estudiantes. Y los medios se empezaron a dar cuenta de que podían ser un vehículo para eso y que ello les traería beneficios: más lectores, más televidentes, más radioescuchas.

Lo que hace el EZLN es encender el radio

No podemos decir que hubo un manejo de los medios por parte del EZLN, una entrevista, un equipo de especialistas que dijera: creemos la figura de Marcos, maquillémoslo de esta forma, que se ponga en esta pose, que haga lo de la bandera, que diga este discurso, ahora que se vea, que enseñe la pierna, lo que sea... Lo que pasa es que algo había en el país que hace que todo esto produzca efectos y que Marcos sea escuchado. Fue un afortunado accidente de medios.

No creo que esto sea producido por el EZLN, como el hecho de que escuchar un radio no es producto de que lo enciendas: ahí está la onda transmitiendo pero falta encenderlo, y lo que hace el EZLN es encender el radio.

A huevo quieren con Marcos

Cuando llegan los periodistas, se les pregunta qué quieren, y ellos contestan: "Hablar con Marcos." Y yo les digo: "Aparte de mí hay otros que les pueden contestar." Si los periodistas quieren hablar con mujeres pasan luego luego, o si quieren hablar con los jóvenes también pasan luego luego. Pero hay unos que quieren hablar con Marcos a fuerzas. "Pero yo soy el mando militar y tengo que ver otras cuestiones, no nada más dar entrevistas",les digo. Entonces dicen: "No, es que Marcos se las da de payaso, se da a querer." Nadie les está negando el acceso a entrevistar a otras gentes, pero no, a huevo quieren con Marcos.

Luego llegan los periodistas y les digo: "Aquí están los compañeros del comité, para la entrevista, orita vengo." Me voy, acaban en dos minutos, lo apuntan y todo, y luego me dicen: "No, pues ya acabé con ellos, ahora quiero contigo una entrevista de dos horas." "Pero les voy a decir lo mismo que ellos les dijeron", les digo, y ellos lo saben.

También a algunos se les olvida que son reporteros y acabamos platicando, echando desmadre, se les olvida que la grabadora se les apagó o que no están tomando nota de nada, de veras. A los reporteros jóvenes se les olvida que están reporteando. Entonces ya cuando acaban yo les digo: "No te preocupes ya te hice aquí la nota."

***

Todos los periodistas que llegaban con nosotros se esperaban a que yo no estuviera y le preguntaban a la tropa si me conocían. Tenían la idea de que yo nunca había estado con ellos, de que estaba fuera de la selva y que había llegado de pronto. Entonces les preguntaban si me conocían, de cuándo me conocían. Ya se desilusionaban cuando todos les contestaban: "El llegó primero que yo, él me enseñó a leer y a escribir, él me enseñó medicina, él me enseñó a pelear", todo eso, y ahí se acababa la duda.

La prensa extranjera es más intuitiva que la nacional

La prensa extranjera es más intuitiva que la nacional. Cuando viene les llama la atención los jóvenes, por lo que entrevista a la tropa para que se dirija a los jóvenes de su país, porque la tropa son puros jóvenes. En cambio, cuando llegan los reporteros mexicanos casi no hablan con la tropa, o hablan nada más con las mujeres, pero no como jóvenes. La tropa está formada por jóvenes de 20-25 años, están chavalos, hay algunos que tienen 14 ó 15 años. El mensaje que por lo regular dan es que no pueden entender que haya más jóvenes que no estén peleando, por lo regular es lo que dicen, no peleando con armas sino haciendo algo, luchando, lo que ellos dicen: la lucha.

Somos muy lentos para contestar

En nuestras condiciones no puedes decir todo lo que quieres decir o responder adecuadamente lo que esta ocurriendo, comunicado tras comunicado. Por ejemplo, ahorita llegan periódicos que salieron hace dos, tres, días. Se contesta a algo y la respuesta tarda dos o tres días en llegar, o a veces más, según si hay alguien que está saliendo o entrando,

114

entonces tú estás respondiendo a un evento cinco o seis días después de que pasó.

Somos muy lentos para contestar. Muy lentos porque tardamos en darnos cuenta, y porque como lo pensamos tarda en llegar. Si tuviéramos un fax aquí pues inmediatamente mandaríamos mensajes de cualquier cosa que pasa, podríamos definirnos frente a muchas cosas. En este cálculo de tiempo dices: de esto voy a hablar y de esto no voy a hablar, porque ya se pasó. No estábamos preparados para esa guerra política.

Comandante Marcos, Selva Lacandona, domicilio conocido

Lo que yo hago es que le voy pasando al comité mis cosas: se las reparten entre ellos, las empiezan a leer y ellos separan las que piensan que hay que contestar, que por lo regular son las de las organizaciones; las personales yo tengo que contestarlas cuando se puede. Luego descubro que hay gente que no pone el nombre real, ni la dirección, por miedo a que la carta caiga en manos de la policía. Entonces no sé a cuánta gente le he contestado que por supuesto no existe. Llegaban las cartas muy chistosas, con la dirección: "Comandante Marcos, Selva Lacandona, domicilio conocido". Las cartas las entregan ahí en el obispado, y los carteros ya saben cómo tienen que llegar hasta nosotros.

Que se cagan los soldados

Una vez los soldaditos federales les preguntaron a unos periodistas: "¿Cómo está Marquitos?", los estaban chingue y chingue: "Díganle que ahí vamos a ir a entrevistarlo". Hasta que un cabrón periodista les dijo a los soldaditos: "¡Ahí está Marquitos, ahí viene atrás, son como cinco mil! " Puta madre, que se cagan los soldados, se atrincheraron, estaban cagados.

¿En el Ajusco?

¿Que cuándo vamos a lanzar comunicados desde el Ajusco? No, pues quién sabe, no le tiramos a tanto, la verdad.

Convención Nacional Democrática

¡Ay, qué hueva hacer una revolución!

El enemigo principal de la Convención son los escépticos, los que dicen: ¿"Para qué una convención si finalmente la van a manipular, la van a acaballar". Que digan: "Ay, qué hueva hacer una revolución? Si tomamos al PRI, luego qué vamos a hacer: ¿órganos de gobierno, el constituyente? No, mejor que así se quede... Finalmente podemos seguir burlándonos del PRI, y hacer chistes sobre Zedillo, sobre lo que sea." Ese es el enemigo principal, no los soldados que están ahí en el retén.

CONVENCION NACIONAL DEMOCRATICA
(Aguascalientes, Chiapas,
agosto de 1994)

Nadie. Nadie de la Comisión Nacional Organizadora nos ha podido decir cuántos delegados invitados, observadores, periodistas, gorrones, colados, orejas y extraviados llegaron a este Aguascalientes. Así que no sabemos cuántos somos. Como aquí tenemos prensa de varias partes de México y del mundo, es necesario que les demos una cifra. La Comisión Nacional Organizadora se ha hecho pato, así que nosotros hemos resuelto el problema. Con nuestro moderno sistema de cómputo hemos hecho la cuenta y llegado a la conclusión de que somos un chingo. Entonces para la prensa es oficial: somos un chingo.

Creo que ya no tiene caso que nuestras postas, las guardias zapatistas, pregunten quién vive. Creo sinceramente que uno de los primeros resolutivos de esta Convención Nacional Democrática será declarar sin pena alguna, que quien vive es la Patria. En 1985 tomamos por primera vez un poblado. Por entre milpas y acahuales, algún plantal y un pequeño cafetal, unas cuantas champitas se erigían honrosamente con el nombre de ejido. Ese era el poblado del viejo Antonio.

Cuando el viejo Antonio era nueve años más joven que la muerte que lo abrazó en 1994, nos invitó a visitar su ejido. Nosotros hicimos un plan para tomarlo, para tomar el ejido. Después de perdernos en un cafetal logramos tomar el pequeño poblado del viejo Antonio. Hicimos un papelón porque cuando llegamos la gente ya estaba reunida en medio del poblado.

En medio del poblado en términos de urbanística selvática viene quedando entre la iglesia, la escuela, la cancha de basquet y el cafetal.

Llegamos frente a la gente y el viejo Antonio nos presentó diciendo algo así como: "Aquí están los compañeros que vienen de la montaña." La gente empezó a aplaudir. Yo pensé: No hombre, ando mal este año, no he hablado todavía y ya me están aplaudiendo. Cuando dejaron de aplaudir el viejo Antonio me dijo: "Ya acabamos de saludarte, ahora sí puedes decir tu palabra" Entonces aprendí que por acá cuando los pueblos saludan a alguien o algo le aplauden.

Por eso yo quiero iniciar pidiendo no un aplauso sino un saludo. Un saludo para todos esos hombres, mujeres, niños y ancianos que en este momento, en los campos y en las ciudades de México, rezan, piden, ruegan, hacen changuitos, desean, anhelan que esta primera sesión de la CND vaya bien. Si acá estamos un chingo, allá afuera hay lo menos dos chingos.

Pido también un saludo para la reunión que en estos precisos instantes se realiza en alguna parte de la República Mexicana para dialogar sobre los problemas de la nación. Pido un saludo para la CND que se celebra actualmente en Aguascalientes, Chiapas, México.

Nuestro Ejército Zapatista de Liberación Nacional quiere rendir honores a nuestra bandera y a esta CND. Quiero pedir permiso a ustedes para que las tropas zapatistas que se encargan de la seguridad de todos nosotros les presenten el saludo zapatista.

En la punta de los fusiles zapatistas, verán una cinta blanca: significa la vocación que anima su andar, significa que no son armas para enfrentarlas a la sociedad civil. Significa, como todo aquí, una paradoja: armas que aspiran a ser inútiles.

Honorable Convención Democrática.
Presidencia de la Convención Democrática,
Delegados, Invitados y Observadores.
Hermanos:

Por mi voz habla la voz del EZLN, Aguascalientes, Chiapas, un cuartel, un bunker, una fábrica de armas, un centro de adiestramiento militar, una bodega de explosivos. Aguascalientes, Chiapas, el Arca de Noé, la Torre de Babel, el barco selvático de Fiscarraldo, el delirio del neozapatismo, el navío pirata.

La paradoja anacrónica, la tierna locura de los sin rostro, el despropósito de un movimiento civil en diálogo con un movimiento armado.

Aguascalientes, Chiapas, la esperanza en gradas escalonadas, la esperanza en las palmitas que presiden la escalera, para mejor asaltar el cielo, la esperanza en el caracol marino que desde la selva por el aire llama, la esperanza de los que no vinieron pero están, la esperanza de que las flores que en otra tierra mueren, en ésta vivan.

Aguascalientes, Chiapas, para el EZLN, 28 días de trabajo, 14 horas diarias, 600 hombres-mujeres por hora, 235 mil doscientos hombres-hora de trabajo en total, nueve mil ochocientos días de trabajo, 28 años de trabajo, 60 millones de viejos pesos, una biblioteca, un presidium con pinta de puente de trasatlántico, bancas y sillas para ocho mil convencionistas, 20 casas para hospedaje, 14 fogones, estacionamiento para cien vehículos y área para atentados.

Aguascalientes, Chiapas, esfuerzo común de civiles y militares, esfuerzo común por un cambio, esfuerzo pacífico de los armados; y antes de Aguascalientes ellos dijeron que era una locura, que nadie podía, desde el límite que marcan fusiles y pasamontañas, tener éxito en convocar a una reunión nacional en vísperas electorales. Y antes de Aguascalientes, ellos

121

dijeron que ninguna persona sensata iba a responder al llamado de un grupo rebelde proscrito por la ley, del que poco o mucho se sabe, la luz que iluminó enero, el lenguaje obsesivo tratando de recuperar viejas y gastadas palabras: democracia, libertad, justicia.

Los rostros amordazados, el paso nocturno, la montaña habilitada como esperanza, la sola mirada indígena, que desde centurias nos persigue nuestro atropellado intento de modernización, el necio rechazar limosnas para exigir el aparentemente absurdo: para todos todo, nada para nosotros.

Y antes de Aguascalientes ellos dijeron que había poco tiempo, que nadie embarcaría a arriesgarse a un proyecto que, como la Torre de Babel, anunciaba su fracaso desde el lugar y momento mismo en que era convocado.

Y antes de Aguascalientes ellos dijeron que el miedo, el dulce terror que alimenta desde su nacimiento a las gentes buenas de este país, acabaría por imponerse, que la evidencia y comodidad del nada hacer, del sentarse a esperar a observar, a aplaudir o abuchear a los actores de esta comedia amarga que llaman Patria, reinaría junto a otras evidencias, en el renombrado nombre del pueblo de México, la sociedad civil.

Y antes de Aguascalientes ellos dijeron que las insalvables diferencias que nos fragmentan y enfrentan unos contra otros, nos impedirán voltear hacia un mismo punto: el omnipotente partido de Estado y las obviedades que a su alrededor se potencian, el presidencialismo, el sacrificio de la libertad y la democracia en aras de la estabilidad y la bonanza económica, el fraude y la corrupción como idiosincracia nacional, la justicia prostituida en limosnas, la desesperanza y el conformismo elevado a estatus de doctrina de seguridad nacional.

Y antes de Aguascalientes ellos dijeron que no habría problema, que la convocatoria a un diálogo entre un grupo de transgresores de la ley y una masa informe desorganizada y fragmentada hasta el microcosmos familiar, la llamada sociedad civil, no tendría eco ni causa común, que la dispersión reunida, sólo puede causar una dispersión potenciada hasta la inmovilidad.

Y antes de Aguascalientes ellos dijeron que no habría que oponerse a la celebración de la CND, que abortaría por sí sola, que no valía la pena sabotearla abiertamente, que era preferible que reventara desde adentro, que se viera en México y en el mundo que la inconformidad era incapaz de ponerse de acuerdo entre sí, que por lo tanto sería incapaz de ofrecer al país un proyecto de nación mejor que el que la revolución institucionalizada y estabilizada nos regalaba, junto al orgullo de tener ya 24 próceres de la patria internacional del dinero, a todos los mexicanos.

A eso apuestan, a eso, por eso dejaron correr la convocatoria, por eso no impidieron que ustedes llegaran hasta acá; el previsible fracaso de la CND, dicen, no debe ser atribuido al poderoso; que sea evidente que el débil lo es, porque que es incapaz de dejar de serlo, es débil porque lo merece, es débil porque lo desea.

Y antes de Aguascalientes, nosotros dijimos que sí, que era una locura, que desde el horizonte que abren fusiles y pasamontañas, sí se podía convocar a una reunión nacional en vísperas electorales y tener éxito ¿Quieren un espejo?

Y antes de Aguascalientes nosotros dijimos que la sensatez se sienta a lamentarse en los quicios dolientes de la historia, que la prudencia permite hoy, el reiterado golpeteo de no hacer nada, del esperar, del desesperar, que la insensata y tierna furia del para todos todo, nada para nosotros, encontraría oído en los otros, en los otros que se trueca falsamente en nosotros y ustedes.

Y antes de Aguascalientes nosotros dijimos que tiempo sobraba, que lo que faltaba era vergüenza por el miedo a probar a ser mejores, que el problema de la Torre de Babel no estuvo en el proyecto sino en la falta de un buen sistema de enlace y un equipo de traducción.

El fracaso estaba en el mal intentar, en el sentarse a ver cómo se levantaba la torre, cómo se detenía, cómo se derrumbaba. En sentarse a ver cómo la historia daría cuenta, no de la torre, sino de los que se sentaron a esperar su fracaso.

Y antes de Aguascalientes, nosotros dijimos que el miedo, que el seductor terror que despiden las cloacas del poder que nos alimentó desde el nacimiento, puede y debe ser puesto a un lado, no olvidado, no pasado por alto, sólo puesto a un lado.

Que el miedo a permanecer como espectadores sea mayor al miedo a intentar buscar un punto común, algo que una, algo que pueda transformar esta comedia en historia.

Y antes de Aguascalientes nosotros dijimos que las diferencias que nos fragmentan y

125

enfrentan unos contra los otros no nos impedirán voltear hacia el mismo punto: el sistema de obviedades que castran, de evidencias que oprimen, de lugares comunes que asesinan. El sistema de partido de Estado y los absurdos que en él cobran validez e institucionalidad; la dictadura hereditaria, el arrinconar la lucha por la democracia, la libertad y la justicia, en el lugar de los imposibles, de las utopías; la burla electoral elevada en la imagen de la alquimia computacional, al status de monumento nacional, la miseria y la ignorancia como vocación histórica de los desposeídos, la democracia lavada con detergente de importación y agua de tanques antimotines.

Y antes de Aguascalientes nosotros dijimos que no habría problema, que la convocatoria a un diálogo entre los que están sin rostro y armados y el desarmado estar sin rostro de la sociedad civil encontraría causa común, que la dispersión reunida y dialogando bien puede provocar un movimiento que dé por fin vuelta a esta página de vergüenza en la historia mexicana.

Y antes de Aguascalientes nosotros dijimos que no habría que oponerse a la celebración de la CND, que sería precisamente eso, ni más ni menos que una celebración, la celebración del miedo roto, del primer y titubeante paso de la posibilidad de ofrecer a la nación un *ya basta*

126

que no tenga sólo voz indígena y campesina, un *ya basta* que sume, que multiplique, que reproduzca, que triunfe, que puede ser la celebración de un descubrimiento: el de sabernos, no ya con vocación de derrota, sino de pensarnos con la posibilidad de la victoria del lado nuestro.

A eso apostamos, por eso la voluntad anónima y colectiva que sólo tiene por rostro una pequeña estrella roja de cinco puntas, símbolo de humanidad y de lucha, y por nombre cuatro letras, símbolo de rebeldía, levantó en este lugar olvidado de la historia de los estudios gubernamentales, de los tratados internacionales, de los mapas y rutas del dinero, esta construcción que llamamos Aguascalientes, en memoria de intentos anteriores de unir la esperanza.

Por eso miles de hombres y mujeres con el rostro amordazado, indígenas en su inmensa mayoría, levantamos esta torre, la torre de la esperanza, por eso dejamos a un lado, por un tiempo, nuestros fusiles, nuestro rencor, nuestro dolor por los muertos nuestros, nuestra convicción guerrera, nuestro paso armado, por eso construimos este lugar para una reunión que si tiene éxito será el primer paso para negarnos como alternativa. Por eso levantamos Aguascalientes, como sede de una reunión que si fracasa nos obligará de nuevo a llevar adelante con fuego el derecho de todos a un lugar en la historia.

Por eso los invitamos, por eso nos da gusto que hayan llegado hasta acá, por eso esperamos que la madurez y la sapiencia los lleve a descubrir que el enemigo principal, el más poderoso, el más terrible, no esta aquí sentado entre ustedes.

Por eso nos dirigimos con todo respeto a esta CND para pedir a nombre de todos los hombres y mujeres, de todos los niños y ancianos, de todos los vivos y muertos del EZLN que no les den la razón a todos los que predicen el fracaso de esta convención, que busquen, que encuentren lo que nos une, que hablen palabra verdadera, que no olviden las diferencias que los separan y que con más frecuencia de la deseable los enfrentan unos a otros, que las guarden un momento, unos días, unas horas, los minutos suficientes para descubrir al enemigo común. Esto les pedimos respetuosamente, no que traicionen sus ideales, sus principios, su historia, no que se traicionen y se nieguen, les pedimos respetuosamente que lleven adelante sus ideales, sus principios, su historia, que se afirmen, que sean consecuentes, para decir *ya basta* a la mentira que hoy gobierna nuestra historia.

El EZLN participa en esta CND con 20 delegados, con un voto cada uno, queremos así dejar claras dos cosas: la una es nuestro compromiso con la CND; la otra es nuestra decisión de no imponer nuestro punto de vista. Hemos rechazado también toda posibilidad de participar en la presidencia de esta CND. Esta es la convención de la búsqueda pacífica del cambio, no debe de manera alguna ser presidida por gente armada, agradecemos que nos den un lugar, uno más entre todos ustedes para decir nuestra palabra.

Queremos decir, por si alguien lo duda, que no nos arrepentimos de habernos alzado en armas contra el supremo gobierno, que reiteramos que no nos dejaron camino, que no renegamos de nuestro paso armado ni de nuestro rostro amordazado, que no lamentamos nuestros muertos, que estamos orgullosos de ellos y que estamos dispuestos a poner más sangre y más muerte si ese es el precio para lograr el cambio democrático en México.

Queremos decir que nos dejan inamovibles las acusaciones de ser sacerdotes del martirologio, de ser belicistas, que no nos atraen los cantos de sirenas y ángeles para darnos acceso a un mundo que nos mira con desprecio y desconfianza, que escatima el valor de nuestra sangre y ofrece fama a cambio de dignidad. No nos interesa vivir como ahora se vive. Mucho se ha preguntado, con la perversidad inquisitiva del que busca confirmar supuestos, qué es lo que pretenden los zapatistas de esta CND, qué es lo que esperan los zapatistas de esta convención, se preguntan. Un brazo civil, responden unos. Las ocho columnas de la prensa nacional e internacional, argumentan otros. Una nueva justificación para su afán belicista, dicen algunos. Un aval civil a la guerra, aventuran en otro lado. La plataforma de resurrección para algún olvidado del sistema, temen en algún partido oficial mientras ponen precio a la cabeza zapatista, un espacio para disfrutar el liderazgo de una izquierda sin líder aparente, murmuran en la oposición, el aval para una claudicación, sentencian en la ultratumba conspirativa de la que puede salir eventualmente la bala que pretenda acallarnos, la plataforma para que Marcos negocie un puesto en la próxima administración de la modernidad, deduce alguna brillante columna de algún analista brillante, eso sí, de opacas intrigas políticas.

Hoy, frente a esta CND, el EZLN responde a la pregunta ¿qué esperan los zapatistas de la CND? No un brazo civil que alargue el siniestro brazo de la guerra hasta todos los rincones de la patria, no la promoción periodística que reduce la lucha por la dignidad a una nota esporádica de primera plana, no más argumentos para adornar nuestro traje de fuego y muerte, no un escalón para cálculos de políticos, de grupos y subgrupos de poder, no el dudoso honor de ser vanguardia histórica de las múltiples vanguardias que padecemos, no el pretexto para traicionar ideales y muertes que llevamos con orgullo como herencia, no un trampolín para lograr un escritorio en una oficina, en un despacho, en un gobierno, en un país improbable, no la autoadjudicada representatividad de la nación, no la designación de un gobierno interno, no la redacción de una nueva constitución, no a la conformación de un nuevo constituyente, no el aval para un candidato a la presidencia de la República del dolor y el conformismo, no la guerra.

Sí al inicio de una construcción mayor que la de Aguascalientes, la construcción de una paz con justicia y dignidad, sí al inicio de un esfuerzo mayor que el que vino a desembocar en Aguascalientes: el esfuerzo por un cambio democrático que incluya la libertad y la justicia para los mayoritarios en el olvido, sí el inicio del fin de una larga pesadilla de esto que grotescamente se llama historia de México, sí el momento para decirle a todos, a todos, que no queremos ni podemos ocupar el lugar que algunos esperan que tomemos, el lugar del que emanen todas las opiniones, todas las rutas, todas las respuestas y todas las verdades. No lo vamos a hacer. Esperamos de la CND la oportunidad de buscar y encontrar alguien a quien entregarle esta bandera, la bandera que encontramos sola y olvidada en los palacios del poder, la bandera que arrancamos con nuestra sangre, con nuestra sangre, de la apenada prisión de los museos, la bandera que cuidamos día y noche, que nos acompañó en la guerra y que queremos tener en la paz, la bandera que hoy entregamos a esta CDN, no para que la retenga y la escatime al resto de la nación, no para suplantar probables protagonismos armados, comprobados protagonismos civiles, no para abrogarse representatividades o mesianismos.

Sí para luchar porque todos los mexicanos la vuelvan a hacer suya, para que vuelva a ser la BANDERA NACIONAL, su bandera, compañeros.

Esperemos de esta CND, la organización pacífica y legal de una lucha, la lucha por la democracia, la libertad y la justicia, la lucha que nosotros nos vimos obligados a caminar armados y con el rostro negado.

Esperamos de esta CND la palabra verdadera, la palabra de paz, pero no la palabra de claudicación en la lucha democrática; la palabra de paz, pero no la palabra de renuncia a la lucha por la libertad; la palabra de paz, pero no la palabra de complicidad pacifista con la injusticia.

Esperamos de esta CND la capacidad de entender que el derecho a llamarse representativa de los sentimientos de la nación no es un resolutivo que se apruebe por votación o consenso, si no algo que tiene que ganarse todavía en los barrios, en los ejidos, en las colonias, en las comunidades indígenas, en las escuelas y universidades, en las fábricas, en las empresas, en los centros de investigación científica, en los centros culturales y artísticos, en los rincones todos de este país.

Esperamos de esta CND la claridad para darse cuenta de que este es sólo un paso, el primero de muchos que habrá que dar incluso en condiciones más adversas que las presentes.

Esperamos de esta CND la valentía de asumir el color de la esperanza que le vemos muchos mexicanos, incluidos nosotros, de demostrarnos que los mejores hombres y mujeres de este país ponen sus medios y fuerzas para la transformación que es la única posibilidad, la única posibilidad, de sobrevivencia de este pueblo, la

133

transformación a la democracia, la libertad y la justicia.

Esperamos de esta CND la madurez para no convertir este espacio en un ajuste de cuentas interno, estéril y castrante.

Esperamos de esta CND, finalmente, un llamado colectivo a luchar por lo que nos pertenece, por lo que es razón y derecho de las gentes buenas, únicamente por nuestro lugar en la historia. No es nuestro tiempo, no es la hora de las armas, nos hacemos a un lado, pero no nos vamos. Esperaremos hasta que se abra el horizonte o hasta que ya no seamos necesarios, hasta que ya no seamos posibles, nosotros los muertos de siempre, los que tenemos que morir de nuevo para vivir.

Esperamos de esta CND una oportunidad, la oportunidad que nos negaron los que gobiernan este país, la oportunidad de regresar con dignidad después del deber cumplido a nuestro estar bajo tierra, la oportunidad de volver otra vez al silencio que callamos, a la noche de la que salimos, a la muerte que habitamos; la oportunidad de desaparecer de la misma forma en que aparecimos, de madrugada, sin rostro, sin futuro. La oportunidad de volver al fondo de la historia, del sueño, de la montaña.

Se ha dicho erróneamente que los zapatistas han puesto un plazo para reiniciar la guerra, que si el 21 de agosto no salen las cosas como quieren los zapatistas la guerra va a empezar. Mienten, al pueblo mexicano, nadie, nadie, ni siquiera el EZLN, le puede imponer plazos y dar ultimátums.

Para el EZLN no hay más plazos que el que las movilizaciones civiles y pacíficas determinen. A ellas nos subordinamos, incluso hasta desaparecernos como alternativa.

No vendrá de nosotros el reinicio de la guerra, no hay ultimátums zapatistas para la sociedad civil. Esperaremos, resistiremos, somos expertos en eso.

Luchen. Luchen sin descanso. Luchen y derroten al gobierno. Luchen y derroten a la guerra. Luchen y derrótenos. Nunca será tan dulce la derrota, como si el tránsito pacífico a la democracia, la libertad y la justicia, resulta vencedor.

El Comité Clandestino Revolucionario Indígena, Comandancia General del EZLN, les ha hecho entrega de Aguascalientes, para que se reúnan y para discutir y acordar no la inmovilidad, no el escepticismo estéril, no el intercambio de reproches y halagos, no la tribuna para la promoción personal; no el pretexto para el turismo belicista; no el chantaje pacifista incondicional; no la guerra, pero no la paz a cualquier precio. Sí para discutir y acordar la organización civil, pacífica, popular y nacional de la lucha por la democracia, la libertad y la justicia. El CCRI-CG del EZLN, les entrega ahora la bandera nacional, para recordarles lo que ella significa: patria, historia y nación, y comprometerlos en lo que debe significar: democracia, libertad y justicia.

Salud, hermanos convencionistas. Por ustedes se levantó Aguascalientes. Para ustedes se construyó, en medio de un territorio en armas, este espacio para una paz con justicia y dignidad.

Muchas gracias
Democracia, libertad y justicia.
Desde las montañas del sureste mexicano.
Comité Clandestino Revolucionario Indígena-
Comandancia General del Ejército
Zapatista de Liberación Nacional.
México, agosto de 1994.

136

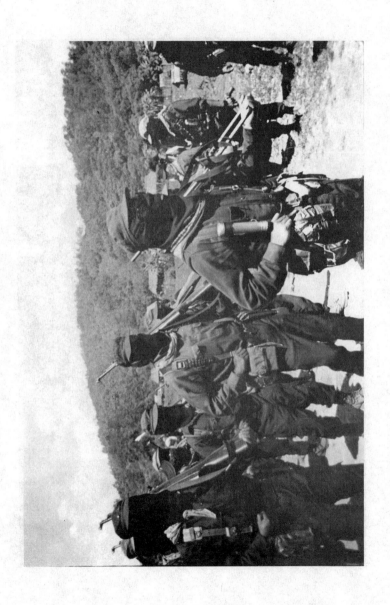

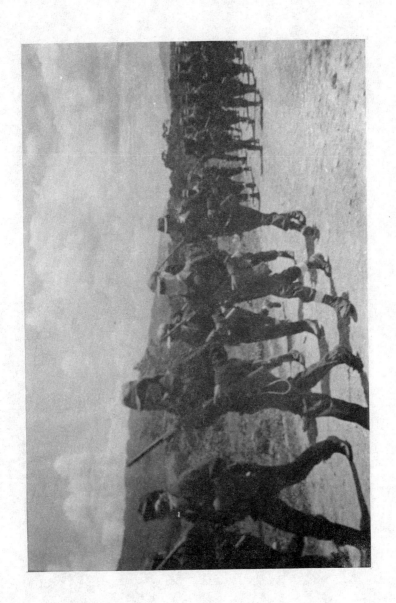

Fotografía: Alejandro Guzmán Huerta

Marta Durán de Huerta con el subcomandante Marcos

Este libro se terminó de imprimir
el 15 de noviembre de 1994
en Ediciones del Milenio.
Se tiraron
3000
ejemplares